COUP D'ÉTAT DU 2 DÉCEMBRE 1851

DANS L'AVEYRON.

COUP D'ÉTAT

DU

2 DÉCEMBRE 1851

DANS L'AVEYRON

Par F. MAZENC.

———∘∘⧓∘∘———

ALBI,

IMPRIMERIE NOUGUIÈS.

1872

BUT ET NÉCESSITÉ DE L'OUVRAGE.

Il y a quelques vingt ans un sinistre bandit que la France républicaine de 1848 avait eu le grand tort de recevoir chez elle, déchira la constitution à laquelle il avait juré obéissance et fidélité, renversa la République qu'il avait promis de défendre et dispersa l'assemblée qui avait le pouvoir souverain et devant laquelle il lui était imposé par la loi de s'incliner. Singe hideux du premier Bonaparte dont il n'avait que les faiblesses et les vices, ce faux Napoléon, Thersite aux jambes torses et au torve regard, vola pendant une nuit de décembre la nation française tout comme il avait autrefois volé ce nom dont il se fit alors un moyen de triomphe.

Conseillé par des hommes que le bagne depuis longtemps réclamait, entouré de généraux perdus de dettes et ruinés par la débauche, à la veille lui-même d'être emprisonné pour dettes, s'il ne parvenait pas à voler la France, ce bâtard d'Hortense-Messaline lança des salons de l'Elysée où il restait prudemment enfermé des hordes avinées contre les défenseurs du droit qui vaillamment périrent sur les barricades.

Des députés que la France avait nommés, les uns, comme Baudin, tombèrent revêtus de leur écharpe de représentants du peuple dans la lutte qu'ils soutinrent contre le nouveau Cartouche ; les autres, comme Pascâl Duprat, prirent le chemin de l'exil ; d'autres enfin, comme M. Thiers, furent brutalement jetés dans les sombres cachots de Mazas.

Paris aussitôt se hérissa de barricades ; mais sa généreuse et patriotique population en grande partie désarmée ne put longtemps tenir contre les balles des soldats inconscients qui, forcés d'obéir aux ordres de généraux sans pudeur et sans moralité fauchaient indistinctement les femmes inoffensives et les hommes valides, les enfants en bas âge et les vieillards incapables de résistance.

Que ne vit-on pas durant ces jours de sanglante et sinistre mémoire ? Le vol et l'assassinat élevés à la hauteur de raison d'Etat, le silence violemment imposé au droit et à la loi, la France entière livrée à une troupe d'hommes sans vergogne qui se ruaient dans le pillage et se plaisaient dans l'incendie, les défenseurs de l'équité partout frappés par des fonctionnaires éhontés qui pour un peu d'or et quelques galons se firent volontiers les pourvoyeurs et les bourreaux du faux neveu du bandit de Brumaire.

Comme Paris, la province eût ses proscripteurs; comme Paris, elle eût aussi ses héros et ses martyrs. Entraînés par quelques hommes de courage et de cœur tous les départements se levèrent pour résister à ce sinistre coup de force et essayer de faire triompher le droit. Mais découragée par la défaite de Paris et la soumission de quelques autres grandes villes, sillonnée en tous sens par des troupes exercées, et que, pour la circonstance, on avait appelées de nos colonies lointaines, la province ne sût pas, ou plutôt ne pût pas organiser longtemps une résistance sérieuse. Bientôt elle dût déposer les quelques armes qui lui restaient encore et il lui fallût assister, impuissante et résignée, à l'œuvre infâmante et funeste des proscripteurs et des bourreaux.

Outre les auxiliaires que l'homme de Décembre rencontra parmi les généraux qui se vendirent à lui pour quelques livres d'or, outre l'aide que lui donnèrent certains hauts fonctionnaires et certains magistrats ambitieux qui formèrent ces tribunaux infâmes qui furent stigmatisés du nom odieux de *Commissions mixtes*, le coup d'Etat trouva encore des défenseurs dans l'aveugle troupeau de ces hommes peureux que la crainte fait toujours se ranger du côté du sabre et que la terreur jette dans le parti du plus fort.

Pareils à ces taureaux stupides qu'un chiffon rouge agité devant eux suffit à plonger dans une aveugle fureur, et sous prétexte de défendre l'ordre matériel, ces bourgeois affolés se vautrèrent dans les bras de l'homme qui, foulant aux pieds tout ordre moral, jeta la perturbation dans les affaires et dans la société. Pauvres gens! par crainte du socialisme qu'on avait habilement fait miroiter sous leurs yeux, ils consentirent à devenir les complices d'un bandit!

Nous ferons le silence sur leurs noms, car les événements, hélas! ne nous ont que trop vengés. Ils souffrent aujourd'hui sans doute de cette guerre désastreuse et de cette occupation prussienne, conséquences fatales du régime sous lequel ils ont concouru à courber la France. S'ils n'ont pas encore perdu toute conscience, le pied de l'étranger qui foule le sol sacré de la patrie doit peser d'un poids bien lourd sur leur cœur.

Mais tandis que ces hommes donnaient leur concours inconscient à ce coupable coup de force, des généraux, des magistrats et de hauts fonctionnaires se firent sciemment et complaisamment les séïdes de Bonaparte. Les noms de ces derniers appartiennent à l'histoire et la bonne justice comme la saine morale veulent qu'on les nomme et qu'on les cite à côté de leurs victimes.

Pendant 20 ans, ils ont joui des faveurs que leur ont values les odieux services par eux rendus; pendant 20 ans, ils ont reçu le prix des arrêts iniques que dans l'ombre ils ont prononcés, il est temps, grand temps que la justice intervienne et que la lumière se fasse.

Déjà Ténot, Pascal Duprat et quelques autres ont livré certains de ces noms à l'indignation et au mépris publics; déjà ils ont flétri, comme elles le méritent, les proscriptions par eux ordonnées pour complaire à un faux descendant du premier Bonaparte. Mais la lumière est loin d'être faite sur tous ces crimes. On ne connaît pas exactement le nombre des victimes. On ne sait pas assez quelle fût la résistance dans chaque département. On ignore encore trop le courage déployé par les organisateurs de la lutte et les défenseurs du droit, et il n'a été encore possible à personne de sonder l'abîme de turpitudes, de hontes et d'assassinats dans lequel se sont vautrés les complices de l'homme au légendaire morceau de lard.

Quand il publia son livre, Ténot n'avait guère à sa disposition que des documents officiels le plus souvent falsifiés par les préfets de l'époque au profit de leur zèle et de leur ambition. Quand il préparait la publication des listes de proscription, Pascal Duprat était proscrit lui-même. Malgré toute leur bonne volonté, en dépit de tous leurs efforts et du mal qu'ils se sont donné, ils n'ont pu connaître tous les détails et ils ont ignoré certainement le nom de certains proscripteurs et ceux de nombreuses victimes.

Il est nécessaire cependant que la lumière se fasse complète sur ce nocturne guet-à-pens et que les plus minimes circonstances arrivent à la connaissance de tous. C'est pour travailler à la réalisation de cette indispensable nécessité et pour contribuer, autant qu'il est en lui, à la réussite de cette œuvre réparatrice que M. Mazenc publie dès aujourd'hui la relation exacte de tous les faits qui à cette époque se sont produits dans son département.

Après avoir eu sa large part dans la résistance qui s'organisa dans l'Aveyron contre cet inique attentat, après avoir lutté autant qu'il était en lui pendant les 20 ans d'Empire contre ce pouvoir démoralisateur qui devait nous mener à Sedan, le citoyen François Mazenc a voulu faire connaître à tous les horreurs et les attentats dont l'Aveyron fut le théâtre en cette année de sanglante mémoire.

Son nom imprimé en tête de cette œuvre, prouve surabondamment que la vérité seule l'a dictée. Nul ne pourra dire ni penser qu'elle ait été nullement altérée car tous savent que l'auteur est une des personnes le plus justement estimées de Rodez et de l'Aveyron tout entier.

Que partout pareil travail s'accomplisse, que dans chaque département il se trouve un républicain de conscience et de cœur pour entreprendre et conduire à bonne fin une œuvre semblable et peut être qu'il surgira bientôt un homme pour mettre en ordre tous ces documents et en composer un livre complet.

Assez et trop longtemps ont souffert les victimes ; assez et trop longtemps les bourreaux ont joui du fruit de leurs basses complaisances. Il est indispensable que nous sa-

chions au plus tôt toutes les souffrances tant
courageusement supportées par les martyrs
du droit et du devoir. Il faut que la démocratie connaisse tous les noms qui composent
son long martyrologe, et que les persécuteurs
soient tous livrés au mépris public.

La nécessité et le but de cette publication
ainsi expliqués, nous cédons volontiers la
place au citoyen François Mazenc.

Ed. GIGNAN.

AVANT-PROPOS

M. Eugène Ténot, dans son ouvrage qui a
pour titre : *La province en décembre 1851*,
a fait l'histoire des événements qui furent en
province la conséquence du coup d'Etat du
2 décembre et a mis en relief les moyens de
résistance qui s'organisèrent dans les départements contre le guet-à-pens de Bonaparte.
Il a puisé ses renseignements aux sources
officielles, soit dans le *Moniteur universel*,
soit dans la *Gazette des Tribunaux*, au compte
rendu des débats des conseils de guerre qui
frappèrent les vaincus.

Si ces renseignements ont été précis et
complets pour les contrées où la lutte prit de
grandes proportions et rayonna sur une
région entière, il n'en est pas de même pour
celles où la résistance se trouva circonscrite
aux limites d'un seul département et quelquefois d'un seul arrondissement. Pour ces
dernières, les documents officiels qui furent
l'œuvre arbitraire des préfets ont été déna-
turés par ces fonctionnaires, et disposés de

manière à faire ressortir, au détriment de la vérité, le zèle qu'ils déployèrent. C'est pourquoi le *Moniteur universel* reste muet pour certains départements où la résistance fut organisée, mais où les préfets ne brillèrent pas par le côté du courage.

L'Aveyron est de ce nombre. En présence de ces lacunes, M. Ténot, dans la préface de son ouvrage, fait un appel aux hommes qui se sont trouvés mêlés à ces événements, pour leur demander les éléments qui lui manquent pour une 2ᵉ édition.

Le livre de M. Ténot signale un mouvement dans l'Aveyron contre le coup d'Etat de Décembre, mais ne donne pas de détails parce qu'il n'en a pas trouvé aux sources officielles, le *Moniteur universel* se trouvant muet à cet endroit.

Mêlé aux luttes de Décembre, comme membre du Comité central de résistance dans l'Aveyron, nous avons, pendant les longues journées de captivité et d'exil qui furent notre partage après le renversement de la République, rappelé à notre souvenir des événements alors récents et nous avons recueilli tous les faits qui s'y rattachent pour les livrer à la publicité.

Nous nous sommes abstenu de publier ces notes immédiatement après notre rentrée d'exil, parce que l'impression récente de nos souffrances et de nos malheurs ne nous aurait pas laissé la liberté d'esprit nécessaire pour ce travail, et le régime de compression infâme sous lequel nous vivions nous aurait empêché d'exprimer librement notre pensée.

Aujourd'hui que 20 ans nous séparent de cette date funeste, le temps a effacé pour ce qui nous est personnel la trace des maux que nous avons éprouvés, et notre tâche sera plus facile.

En livrant à la publicité des faits qui étaient ignorés des contemporains même du coup d'état, et qui ne pouvaient être connus que des hommes qui prirent part à la lutte, nous n'avons eu d'autre but que de sauver de l'oubli ces faits dont la connaissance sera indispensable à ceux qui se proposeront d'écrire notre histoire locale pour faire un travail complet.

Le mouvement provincial de 1851 est sans exemple dans notre histoire nationale ; à la première nouvelle du coup d'état, la moitié de la France leva le drapeau de la résistance, et après que Paris eut succombé sous l'attaque du nouveau Cartouche la province prolongea la lutte pendant plusieurs jours, et ne déposa les armes que lorsqu'elle fut devenue absolument impossible. Il est nécessaire de transmettre à ceux qui viendront après nous les actes et faits qui caractérisent l'originalité et la spontanéïté du mouvement de 1851, ils y puiseront un enseignement utile.

Dans l'Aveyron comme ailleurs, une partie de la bourgeoisie soutenait le Coup d'État, nous nous abstiendrons rigoureusement de livrer à la publicité des noms autres que ceux des victimes et de leurs proscripteurs.

Parmi les hommes qui soutenaient le Coup d'État, les uns, et c'était le plus grand nombre, étaient de bonne foi; ils croyaient la société menacée d'un cataclysme et affolés de terreur par le spectre rouge que les habiles avaient agité à leurs yeux, ils se jetèrent éperdus dans les bras d'un bandit travesti en sauveur. Les autres, le nombre en est petit, nous aimons à le croire pour l'honneur de l'humanité, soutenaient le Coup d'État par amour de l'art, parce qu'ils étaient les complices de Bonaparte. Nous ne blâmerons pas les premiers, parce qu'ils ont depuis longtemps confessé leur erreur; quant aux seconds nous dédaignons de les haïr, les événements nous ont vengés.

COUP D'ÉTAT

DU

2 DÉCEMBRE 1851

DANS L'AVEYRON.

———∘∘⦙∘⦙∘∘———

PREMIÈRE PARTIE.

———

AVANT LE COUP D'ÉTAT.

———

Pendant toute l'année 1851, Bonaparte travaille à dresser ses batteries pour tenter le coup qui devait le porter sur le trône impérial, ou le conduire à l'échafaud, suivant qu'il réussirait ou qu'il échouerait.

Tout favorisa sa réussite. L'Assemblée nationale avait perdu son influence. Le vote de la loi du 31 mai, qu'elle s'était laissé imposer par le Président de la République l'avait entièrement dépopularisée. Les tiraillements qui existaient entre ses diverses fractions, empêchèrent l'adoption de la proposition des questeurs, et la République se trouva dès-lors livrée sans défense aux coups du bandit qui projetait de la renverser. On trouvait déjà sa main partout. L'espionnage et la délation étaient organisés à tous les degrés de l'échelle sociale ; les gendarmes dénonçaient les juges de paix, les gardes champêtres dénonçaient les maires. Sur le moindre soupçon de républicanisme, les instituteurs et les fonctionnaires des diverses administrations étaient révoqués, et l'on sentait que partout et dans l'ombre se faisait un travail sourd qui devait amener un cataclysme politique prochain.

Les démocrates de l'Aveyron, comme ceux des autres départements du Midi, s'organisèrent en vue d'un nouveau 18 brumaire et se préparèrent à défendre la République et la Constitution de 1848, en cas d'attaque.

Pendant l'année 1851, une société secrète désignée sous le nom de la *Jeune Montagne,* s'était formée dans le Midi de la France. Elle avait pour but unique la défense de la République.

Les initiés avaient des signes de reconnaissance et des mots de passe; ils arboraient les couleurs rouge et noire. Ils étaient organisés par décuries et centuries relevant d'un comité central. Celui qui se faisait initier à la société, prenait l'engagement, par serment, de défendre la République au péril de sa vie; il devait au premier appel de son décurion prendre les armes, sous peine d'être regardé comme traître et puni comme tel. Organisée dans l'Hérault, le Gard, les Bouches-du-Rhône, le Var, l'Aude, les Pyrénées-Orientales, les Basses-Alpes, la Drôme, l'Ardèche, etc., la *Jeune Montagne* étendit ses ramifications dans l'Aveyron : deux délégués de Ganges (Hérault), initièrent à la société secrète un certain nombre de citoyens de Milhau et de Rodez. Ce nombre augmenta en août et en septembre 1851, beaucoup de réceptions furent faites à Rodez, elles avaient lieu dans des maisons particulières, situées dans les quartiers les plus isolés. Pour échapper aux investigations de la police, ses réceptions se faisaient à une heure très-avancée de la nuit. Il en fut même faites dans les bois aux environs de Rodez et dans les grottes du rocher de Tripadou, où des sous-officiers de la garnison furent affiliés à la *Jeune Montagne*. Les initiations de militaires étaient une grande imprudence; les événements nous en ont fourni la preuve. Une compagnie du génie avait été détachée de la garnison de Montpellier et envoyée vers le milieu de l'année 1851, en disgrâce à Rodez, comme entachée de républicanisme. En considération de cette bonne note, les démocrates de Rodez s'empressèrent d'initier les sous-officiers de cette compagnie. A quelque temps de là, cette compagnie fut dirigée sur Paris; elle arriva à temps pour prendre part au Coup d'Etat, elle fit le coup de feu sur le peuple, et son capitaine fut décoré. Voilà pour la moralité de la chose.

Le militaire n'a pas de volonté; machine inconsciente, soumise à un mouvement purement automatique dont les chefs font mou-

voir les ressorts, il se traduit par un fusil
dont le pouvoir lâche à volonté la détente.
Si cet état d'obéissance passive du soldat est
indispensable devant l'ennemi, il devient une
infamie lorsqu'il est destiné à seconder et à
soutenir l'attentat d'un usurpateur. — D'a-
près ces considérations, l'affiliation des militaires à la société secrète était non-seulement
une anomalie, mais un danger sérieux.

Certains chefs du parti républicain de l'A-
veyron n'approuvaient pas l'établissement de
la société secrète; ils craignaient qu'elle ne
se transformât en souricière de la police, et
qu'un beau jour, par un coup de filet adroit,
cette dernière ne s'emparât d'un certain nombre de membres du parti républicain. Ils ne
se méfiaient certainement pas de la sincérité
des récipiendaires, mais ils redoutaient les
imprudences. Un mot prononcé dans un lieu
public pouvait mettre la police sur la trace
et livrer des démocrates dévoués aux mains
des agents d'un pouvoir implacable.

Heureusement, les appréhensions de ces
hommes ne furent pas justifiées par les événements. Rien ne transpira dans l'Aveyron
sur l'existence d'une société secrète qui resta
toujours ignorée de la police, et, après les
événements de décembre qui amenèrent un
grand nombre d'arrestations, l'instruction
qui les suivit ne put recueillir aucune donnée pour établir l'existence de la *Jeune Montagne* dans notre département. Contraire-
ment à l'opinion de certaines personnes, la
société secrète rendit de grands services à

la cause républicaine lors du Coup d'Etat du 2 décembre 1851. Partout où elle se trouva fortement établie, les soulèvements furent spontanés et généraux. Dans l'Aveyron, les démocrates se levèrent simultanément dans quatre chefs-lieux d'arrondissement.

L'Hérault eût aussitôt quarante mille hommes pour résister au Coup d'Etat. Cette force manqua de direction par suite de l'arrestation des chefs du parti opérées le 4 décembre. Sans quoi, elle se serait certainement emparée, sans grandes difficultés, de l'un des six grands commandements militaires de France; celui confié au général Rostolan, à Montpellier.

Dans plusieurs départements du Midi où la société secrète se trouvait établie, les défenseurs de la Constitution restèrent pendant huit jours maîtres de la situation en bien des endroits.

La *Jeune Montagne* n'était pas une société de conspirateurs, puisqu'elle n'était organisée que pour la défense du gouvernement établi et des lois existantes. Mais, par une perversion incroyable du sens moral, cette société était qualifiée de conspiration, recherchée et poursuivie par les parquets. Ceux qui défendaient les lois étaient obligés de se cacher pour agir, et les fonctionnaires de la République travaillaient au grand jour à son renversement.

Pendant les trois derniers mois qui précédèrent le 2 décembre, les républicains de l'Aveyron se tenaient sur le qui-vive, se sentaient les coudes, prêts à résister à une attaque qui leur paraissait prochaine et préparaient les esprits à la lutte.

En octobre 1851, le Comité du journal, l'*Aveyron républicain* s'entendit avec le Comité de l'*Union républicaine du Tarn*, pour la publication d'une brochure ayant pour titre : *Almanach républicain des Paysans de l'Aveyron et du Tarn.* Cette brochure avait pour but dans un grand nombre d'articles de divers auteurs, de mettre à nu la démoralisation produite par le régime de Bonaparte, de démasquer les basses intrigues qui préparaient le Coup d'Etat et de faire un appel au peuple pour la défense de la République menacée par une horde de brigands. Les chansons patoises de Rozier, de Sauveterre, qui étaient de circonstance et qui étaient aussi très-populaires dans le pays, avaient trouvé leur place dans cette brochure.

L'almanach fut imprimé à Toulouse, il en fut fait un dépôt à Rodez, chez Victor, libraire. Le 1er décembre, jour de la foire de la Saint-André, la vente commença; on faisait foule chez les dépositaires ; il s'en était déjà vendu un grand nombre d'exemplaires dans la matinée, lorsque la police saisit ceux qui restaient.

Le 1er décembre, les républicains s'étaient rendus en grand nombre des divers points du département, pour une réunion qui devait avoir lieu dans les bureaux de l'*Aveyron républicain.* Cette réunion eût lieu, en effet, à 8 heures du soir et se prolongea bien avant dans la nuit. On y organisa la propagande en vue des prochaines élections, on nomma des Comités pour les principales localités du département, et on s'occupa d'un grand nombre de questions intéressant le parti. Mais quelques hommes, par l'effet d'une étrange intuition, pressentaient qu'il y avait quelque chose dans l'air, qu'un noir complot se tramait et qu'il allait bientôt éclater. A l'issue de la réunion, Louis Caussanel, de Villefranche, prit à part quelques personnes et leur dit : Au lieu de nous occuper d'élections futures, il nous faut nous inquiéter d'un danger imminent qui menace l'existence de la République. Bonaparte prépare son guet-à-pens, il faut dès-à-présent nous concerter pour organiser la résistance en cas d'événements. Il fut alors convenu qu'on se rendrait à cet effet, le lendemain matin, chez Bouloumié. On s'y rendit le 2 décembre. A huit heures du matin, se trouvèrent présents chez Bouloumié, les onze citoyens dont les noms suivent :

. Bouloumié, avocat;
Louis Caussanel,
Médal, ancien représentant;
Moins, de Villefranche;
Lucien Marcillac, de Milhau;
Oustry, rédacteur de l'*Aveyron républicain;*
Labarthe, avocat à Rodez;
Roques, mécanicien à Rodez;

Guibert, serrurier à Rodez ;
Ramondenc, de Camarès ;
Mazenc, ancien agent-voyer, à Rodez.

On fut unanime sur l'imminence du Coup
d'Etat que tout faisait présager ; il était évi-
dent pour tous que Bonaparte n'en différe-
rait pas la tentative à l'échéance de son man-
dat, en mai 1852, parce qu'alors tout le
monde se trouvant préparé pour une date
prévue d'avance, il devait rencontrer des
résistances et se trouver en présence d'une
situation beaucoup trop tendue pour espérer
le succès.

En conséquence, il fut résolu par ces
onze citoyens qui s'organisèrent d'avance
en Comité de résistance, qu'à la première
nouvelle du Coup d'Etat on appellerait aux
armes tous les républicains de l'Aveyron et
qu'on les masserait sur Rodez pour se rendre
maîtres du chef-lieu du département, qui
était le point stratégique le plus important.
L'itinéraire à suivre pour arriver dans cette
ville fut tracé aux commissaires de chaque
chef-lieu d'arrondissement. Ceux de Milhau
devait venir en passant par Sévérac et Lais-
sac ; il leur était enjoint de recruter sur leur
passage toutes les forces dont pouvaient disposer ces deux chefs-lieux de canton.

Les hommes de St-Affrique devaient faire
la même opération sur St-Rome du Tarn et
Salles-Curan qu'ils rencontraient sur leur
passage, en se rendant au chef-lieu du département.

Ceux de Villefranche devaient se diviser en deux groupes, dont l'un passant par Rignac avait pour mission d'entraîner les hommes de bonne volonté de Montbazens et de Rignac, et dont l'autre traversant Aubin et Decazeville devait emmener les ouvriers des forges dont la majeure partie était acquise au parti républicain. Le mot d'ordre était *au nom des onze.* A ce mot d'ordre, tout membre du Comité devait prendre les armes, se rendre à Rodez, en conduisant avec lui toutes les forces qu'il pourrait rassembler.

DEUXIÈME PARTIE.

—

COUP D'ÉTAT.

Organisation de la résistance.

Les pressentiments des républicains de l'Aveyron, ne tardèrent pas à se traduire en une terrible réalité; et les dispositions qu'ils avaient prises, à recevoir leur application.

Le 3 décembre, dans la matinée, Durand, de Gros, Azemar, maire de Ste-Juliette, et Mazenc, ancien agent-voyer, se trouvaient ensemble sur la place du Bourg, à Rodez, lorsqu'ils apprirent par M. Vignasse, pharmacien, comme le tenant d'un officier de gendarmerie, qu'une estafette était arrivée le jour même à la préfecture, annonçant que le président Bonaparte avait fait son Coup d'État la veille, qu'il avait pénétré avec la force armée, au sein de l'Assemblée nationale, l'avait dissoute, en avait dispersé ou incarcéré les membres qui s'opposaient à ses projets ambitieux. D'autres républicains se réunirent aux trois premiers, et ils furent tous d'avis qu'il fallait soulever les populations, les appeler aux armes pour résister aux actes de l'administration, qui était déchue aux yeux de la loi.

Mazenc, en sa qualité de membre du Comité des *onze*, envoya Guibert au Monastère, dont les habitants étaient dévoués à la cause républicaine, pour les engager à se procurer des armes et les faire arriver à Rodez. Il envoya aussi le citoyen Fosse au faubourg St-Cyrice, le chargea de prévenir Roques, et d'amener les habitants du faubourg sur la place de Cité, munis de toutes les armes dont ils pourraient disposer. Il alla voir ensuite Louis Caussanel, qui se trouvait logé à l'hôtel des *Princes*, lui fit connaître la nouvelle arrivée de Paris, et lui fit part des dispositions qu'il avait fait prendre. Ils se rendirent ensuite ensemble dans les bureaux de l'*Aveyron républicain*, où ils trouvèrent Oustry; ils firent prévenir leurs amis de Rodez et ceux des différentes localités du département, qui s'y trouvaient encore depuis le 1er décembre; ils se réunirent dans les salons du *Café du Commerce*, situé au bas de la rue Neuve. Il y avait dans ce moment plusieurs sous-officiers de la garnison dans le *Café du Commerce*; leur présence en ces lieux faisait douter à Caussanel que le Préfet eût reçu la nouvelle du Coup d'Etat, parce que, disait-il, avec la perspicacité qui le caractérisait, en recevant une pareille dépêche, le Préfet n'aurait pas manqué de faire consigner la troupe.

Trois personnes se chargèrent de se rendre auprès du Préfet pour avoir des renseignements précis. MM. Galtayries, Labarthe et Bouloumié, se chargèrent de cette mission. Ce fonctionnaire déclara qu'il avait reçu une dépêche constatant que le Coup d'Etat avait été fait la veille 2 décembre. Ces messieurs rapportèrent cette réponse aux citoyens qui se trouvaient réunis dans les salons du *Café du Commerce*. On se figure aisément l'impression que produisit sur ces hommes la confirmation de la nouvelle du Coup d'Etat. Il n'y eut parmi eux qu'une voix ; puisqu'une ambition sans frein et sans pudeur foule aux pieds toutes nos lois, il ne nous reste plus qu'à courir aux armes, et à opposer la force à la force. Il sortirent du *Café du Commerce* au nombre d'environ cent, en criant : *Aux armes ! Vive la République ! vive la Constitution !* Ils parcoururent les rues en entraînant un grand nombre de personnes après eux ; les hommes du Monastère et ceux du faubourg St-Cyrice étaient arrivés et se joignirent au groupe.

Louis Caussanel et quelques-uns de ses amis avaient en vue une mesure qui avait la plus grande portée dans cette circonstance ; il s'agissait d'enlever le Préfet et le Général, de les faire conduire en lieu sûr, et sous bonne escorte, les tenir en sequestre, en ayant pour eux tous les égards qui convenaient à leur position, et les empêcher de donner des ordres ; par ce moyen, les républicains se seraient facilement rendus maîtres de la situation. C'est en vue de l'exécution de cette mesure que lorsque le groupe

fut arrivé devant la cathédrale, un des hommes qui s'y trouvaient pensant qu'il ne fallait
pas donner à l'autorité le temps de la réflexion, cria : *A la préfecture !* Alors tout le
monde se dirigea vers la préfecture, aux
cris de : *Vive la République ! vive la Constitution !*

On se rendit dans le cabinet du préfet;
là se trouvaient réunis M. Fluchaire, préfet; deux conseillers de préfecture, le général de Gouvenain, commandant le département et le commandant de gendarmerie; il
y avait aussi quelques personnes de la ville,
étrangères à l'administration, qui s'étaient
rendues auprès du préfet pour prêter un
appui moral à son autorité.

Les républicains pénétrèrent dans le cabinet du préfet dont toutes les portes furent
ouvertes tant du côté de la salle d'attente,
que du côté de la salle du conseil de préfecture. Le préfet avait négligé les précautions
les plus élémentaires en pareille circonstance;
il n'avait pas fait consigner les troupes qui
courait les rues; il n'avait pas fait placer de
piquet devant la préfecture pour en défendre
l'entrée. M. Fluchaire avait des qualités :
il brillait dans un salon, il était aimable auprès des dames, mais il n'était pas l'homme
d'une situation difficile; aussi son sang-froid
l'avait abandonné, sa voix altérée, sa figure
bouleversée et son maintien n'annonçaient
qu'irrésolution et abattement.

Les citoyens qui avaient envahi la préfecture protestèrent contre le Coup d'État, dé-

clarèrent l'autorité déchue et proclamèrent Louis Caussanel, commissaire provisoire du département de l'Aveyron. Il fut rédigé acte de cette décision sur la table du cabinet du préfet.

On avait appelé la troupe au secours de l'administration; deux compagnies de la garnison stationnaient sur la place St-Etienne, on leur fit charger les armes sous les yeux du public; mais il était aisé de voir que cette troupe n'avait pas foi dans les ordres qu'elle recevait de ses chefs, qu'il n'y avait qu'incertitude parmi les hommes qui la composaient, ils hésitaient comme s'ils allaient commettre un crime, en exécutant les ordres qui leur étaient donnés; aussi n'obéissaient-ils que par un mouvement purement machinal. Les chefs eux-mêmes étaient en proie à la même incertitude; on rapporte que lorsqu'on commanda de charger les armes, un sous-officier leva la crosse en l'air, et que, par un mouvement brusque, l'officier qui commandait le peloton, saisit le fusil du sous-officier et fit retomber la crosse sur le pavé.

Quelques soldats avaient été envoyés dans le cabinet du préfet, et les personnes qui s'y trouvaient virent arriver trois hommes qui avaient croisé la baïonnette et se présentaient à la porte. Trois républicains saisirent le bout du canon des fusils et en arrachèrent les baïonnettes; ces militaires se laissèrent désarmer sans offrir la moindre résistance; on leur remit leurs baïonnettes qu'ils remirent au fourreau, et ils restèrent dans la salle des pas-perdus sans faire d'autre mouvement.

La gendarmerie, de son côté, s'était portée sur les lieux; mais elle ne reçut aucun ordre. Les gendarmes paraissaient dépaysés au milieu de ce monde; c'est parce qu'ils comprenaient que les hommes qui étaient-là n'étaient pas de ceux avec qui ils ont affaire ordinairement, et sous-officiers et gendarmes paraissaient être là plutôt en curieux que pour faire acte d'autorité.

Les républicains dans la précipitation du premier mouvement n'avaient pu prévenir tous leurs amis de Rodez; afin de les réunir promptement, deux des hommes qui se trouvaient à la préfecture en sortirent pour aller faire sonner le tocsin à la cathédrale; ils se rendirent chez le carillonneur pour se faire livrer les clés de la tour, et, en cas que la remise des clés éprouvât quelque retard, ils avaient chargé deux ouvriers de se procurer des pinces pour en enfoncer les portes. Le carillonneur remit les clés aux deux républicains, et, un instant après, toutes les cloches étaient mises en branle, et la population entière de Rodez s'agitait et se réunissait sur les places publiques.

L'enlèvement du Préfet et du Général projeté par Caussanel et quelques-uns de ses amis, aurait dû être effectué au premier moment, sans leur donner le temps de la réflexion. Mais la discussion qui s'engagea avec les agents du pouvoir, fit perdre de vue la première idée; en attendant, beaucoup de monde se réunit autour du Préfet, la troupe arriva, l'exécution du premier projet eût été alors plus difficile, et peut-être sans résultat.

Il paraît que le Préfet et ses amis avaient eu le pressentiment du projet d'enlèvement; aussi, pour y résister, ils s'étaient groupés contre la cheminée du cabinet, où ils formaient la chaîne en se tenant par le bras.

Les républicains quittèrent la préfecture, après avoir déclaré qu'ils résisteraient par la force aux mesures de l'administration; ils allèrent se réunir de nouveau dans les salons du *Café du Commerce*, et là, ils nommèrent une Commission départementale de seize membres chargée d'organiser la résistance. Elle se composait des personnes dont les noms suivent :

Louis Caussanel, président.
Labarthe, avocat.
Roques, mécanicien.
Fosse, tailleur.
Bouloumié, avocat.
Guibert, serrurier.
Duriol, cuisinier.
Vayssade, jardinier.
Ramondenc, fermier, à Camarès.
Oustry, rédacteur de l'*Aveyron républicain*,
Lucien Marcillac, de Milhau.
Galtayries, banquier.
Noël Baurez, rentier.
Henri Pons, avocat.
Mazenc, ancien agent-voyer.
Durand de Gros, propriétaire.

La Commission une fois instituée se mit en délibération; elle arrêta qu'il fallait masser une grande partie des forces républicaines du département sur Rodez. Après avoir pris diverses mesures pour organiser la résistance, elle rédigea la proclamation suivante :

RÉPUBLIQUE FRANÇAISE.

LIBERTÉ, ÉGALITÉ, FRATERNITÉ.

LA COMMISSION CONSTITUTIONNELLE PROVISOIRE

du département de l'Aveyron,

aux Habitants du département de l'Aveyron.

« Citoyens,

« Un pouvoir traître et parjure a porté sur la Constitution une main sacrilége.

« L'Assemblée nationale a été dissoute par le président de la République, pour n'avoir pas voulu servir son ambition.

« Le devoir du peuple est tout tracé; il défendra la Constitution confiée à son patriotisme.

« Nous avons pris l'initiative d'une résistance à la force; le droit est avec nous, vous serez avec le droit.

« Le Pouvoir est déchu de fait, ses agents essayeront de s'imposer encore à vous, peut être essayeront-ils de pousser contre vous vos frères armés, les soldats.

« Quant le moment sera venu, nous serons au milieu de vous.

« Défiez-vous des agents provocateurs qui chercheront à amener une collision entre la troupe et vous. Nous rendons les autorités responsables des événements.

« VIVE LA RÉPUBLIQUE !
« VIVE LA CONSTITUTION !

« Caussanel, Labarthe, Roques, Fosse, Bouloumié, Guibert, Duriol, Vayssade, Ramondenc, Oustry, Marcillac, Galtayries, Noël Baurez, Henri Pons, Mazenc, Durand de Gros. »

Cette proclamation fut immédiatement portée à l'imprimerie de M. Ratéry, pour être imprimée en placard, et elle fut livrée à la composition.

On sonnait encore le tocsin à la cathédrale, pendant que la commission délibérait dans les bureaux de l'*Aveyron républicain*. La population ruthénoise était dans l'agitation et fermait les magasins, elle s'attendait à des coups de fusil dans les rues.

Cependant une compagnie de la garnison fut dirigée vers la cathédrale, en ferma les portes, s'empara des hommes qui sonnaient le tocsin, et les conduisit sur la place de Cité, où stationnait une grande partie du bataillon en garnison à Rodez; le général de Gouvenain s'y trouvait; le Préfet, M. Fluchaire, revenu de sa première frayeur, s'y était également rendu revêtu de son costume. Les hommes arrêtés dans la tour de la cathédrale furent immédiatement remis en liberté.

On placardait sur tous les points de la ville les proclamations de Bonaparte; mais ces placards étaient immédiatement lacérés par les citoyens sous les yeux de l'autorité. Comme nous l'avons déjà dit, la Commission une fois instituée, prit ses dispositions pour masser des forces sur le chef-lieu du département. Elle écrivit d'abord à un démocrate dévoué de Villecontal, homme très-influent dans cette localité qui, en recevant cette dépêche à 9 heures du soir, fit battre le rappel au cri de : *Vive la République !* et réunit un certain nombre de personnes, prêtes à partir pour Rodez, au point du jour.

Dans notre département, la réaction est beaucoup plus active dans les petites localités que dans les centres qui ont une certaine importance; cette activité prend souvent son origine dans des rivalités locales étrangères à la politique. Des hommes hostiles au citoyen qui avait fait battre le rappel, circonvinrent pendant la nuit les gardes nationaux, et les empêchèrent de se rendre à Rodez le lendemain.

Des émissaires furent envoyés dans toutes les directions, avec des lettres à l'adresse des correspondants du Comité central, pour leur donner l'ordre de soulever les populations et engager à la résistance. Rosier et Charles

Caussanel, de Sauveterre, se rendirent à cet effet dans leur canton ; Sylvain Galtier, de Cransac, fut dirigé sur Villefranche, et Ramond, de Sauveterre, fut chargé de porter des ordres au docteur Garrigues, de Marcillac.

La proclamation de la commission fut composée dans la journée du 3 décembre, dans les ateliers de M. Ratéry, imprimeur. Vers le soir, deux commissaires furent envoyés à l'imprimerie, pour en presser le tirage ; ils en corrigèrent l'épreuve, et la firent mettre sous presse. Cette proclamation fut tirée à 3 ou 400 exemplaires, et placardée aux quatre coins de la ville, dans les lieux publics, et dans les communes voisines. On en envoya aussi plusieurs exemplaires dans chaque chef-lieu d'arrondissement.

Après l'impression de la proclamation, les presses de M. Ratéry furent saisies par le parquet.

La Commission départementale, qui avait tenu ses séances pendant la journée du 3 décembre dans les bureaux de l'*Aveyron républicain*, transféra son siége, pendant la nuit du 3 au 4 décembre, dans la maison de M. Anglade, fils, faubourg St-Cyrice ; un poste d'ouvriers armés défendait l'entrée du local où elle siégeait.

La Commission attendit là le résultat des démarches faites auprès de ses coreligionnaires politiques des divers arrondissements, en s'occupant activement de l'organisation locale. Elle ne perdit pas de vue une tactique qui peut avoir d'excellents résultats ; elle consiste à intercepter toute communication entre le pouvoir central, et les administrations départementales. Pour peu que cet état de choses se prolonge, l'incertitude amène le découragement et paralyse les efforts de l'autorité locale ; c'est dans ce but que pendant la nuit du 3 au 4 DÉCEMBRE des hommes armés furent dirigés sur toutes les avenues de Rodez pour arrêter les courriers, et s'emparer des dépêches de l'administration. Ces ordres furent exécutés, on s'empara des paquets adressés au préfet, et on les ouvrit, ils ne contenaient rien de nouveau, ils répétaient à peu près le contenu de la dépêche relative au coup d'Etat, reçue la veille par le préfet. Il fut saisi cependant une dépêche de Saint-Arnaud ordonnant au général commandant le département de fusiller toute personne prise les armes à la main. Cet *honnête* personnage a toujours aimé les exécutions sommaires, témoin le général Cornemuse.

Lorsque le tocsin sonne, que les campagnes s'agitent, s'arment et marchent sous la conduite de ce qu'il y a de plus honorable dans le pays, des membres du Conseil général, des médecins, des notaires, des maires en écharpe, les compères de Bonaparte, crient vainement à la jacquerie. Les hommes de bon sens n'y croient pas; ils ne voient dans ces actes que la défense de la loi, et devant cette attitude le moral du soldat est ébranlé. Il n'est pas ici question d'une certaine catégorie de soldats dont l'incubation s'est faite dans une giberne, pour qui les droits et les devoirs des citoyens sont un mythe, qui est le plus ferme soutien du césarisme, aime les coups de force, et qui n'est brave que dans la rue comme son maître, en vue de la razzia; mais du soldat vraiment national, de celui qui paye son impôt du sang, et qui, sorti du peuple doit y rentrer.

On en était là le lendemain du Coup d'Etat.

Le 4 décembre, à cinq heures du matin, le docteur Garrigues, de Marcillac, fut introduit au sein de la Commission départementale, et rendit compte à peu près en ces termes de la mission qui lui avait été donnée :

« Citoyens,

« Dès que j'ai reçu votre lettre, agissant en vertu des pouvoirs extraordinaires que vous m'aviez donnés, je me suis emparé des papiers de la mairie de Marcillac; j'ai nommé M. Bousquet, médecin, maire; M. Pradié, ancien notaire, adjoint, et M. Laraussie, pharmacien, commandant de la garde nationale. J'ai fait prendre les armes à une centaine d'hommes que je vous amène, je les ai fait stationner en dehors de la ville et viens prendre vos ordres. Je dois en même temps vous annoncer que la garde nationale de Salles-la-Source vous arrivera aujourd'hui ».

Des dispositions furent immédiatement prises pour loger les hommes de Marcillac;

ils furent placés dans des auberges du faubourg St-Cyrice. Des remerciements furent votés à l'unanimité au citoyen Garrigues, pour le zèle et le dévouement dont il venait de faire preuve pour la défense de la République.

Le même jour, les agents des diverses administrations, de concert avec des personnes étrangères à l'administration, se rendirent en armes à la préfecture pour renforcer le bataillon qui s'y trouvait.

Les personnes étrangères aux fonctions publiques se défendaient de faire acte politique par cette prise d'armes, et prétendaient que leur démarche n'avait d'autre but que la défense de l'*ordre matériel*. Il y a un fait très-significatif à constater, c'est que ces personnes quoiqu'hostiles à la République déclaraient formellement ne pas soutenir le Coup d'État. Elles avaient cependant une singulière manière d'agir, elles cherchaient l'ordre en dehors de la loi, lorsqu'en dehors de la loi, il n'y a que le chaos.

Villefranche fit son mouvement.

Sylvain Galtier porta à Moins l'ordre de marcher sur Rodez, *au nom des onze*; celui-ci fit un appel à la population, réunit un grand nombre de personnes et marcha sur Rodez. Edouard Frayssines, ingénieur des mines, était avec lui. En apprenant cette nouvelle à Rodez, le 4, Louis Caussanel et Ramondenc se rendirent à Rignac, pour attendre la colonne de Villefranche. Le même jour, vers midi, on signala l'arrivée des hommes de Salles-la-Source ; on alla les attendre et on les logea avec ceux de Marcillac.

A quatre heures du soir, Charles Caussanel, de Sauveterre, annonça au Comité que de concert avec Magne, maire, et Rosié, expert, il avait amené de ce canton 300 hommes armés, qu'il les avait fait stationner sur la rive gauche de l'Aveyron, et venait prendre des ordres relativement à la destination de ces hommes. Fallait-il les conduire à Rodez, ou bien les loger dans la banlieue, en attendant le moment opportun où ils pourraient être introduits en ville. On invita Caussanel à conduire ses hommes au Monastère, à les y loger et attendre de nouveaux ordres. Le soir même, ils furent visités par des citoyens de Rodez qui leur distribuèrent des cartouches; ils les trouvèrent installés dans les auberges ou dans des maisons particulières; ils avaient établi un poste et placé des factionnaires devant les portes des logements.

Vers la fin de la journée du 4 décembre, la préfecture n'était pas rassurée, l'étoile de Bonaparte avait perdu de son prestige à ses yeux; on n'avait pas de nouvelles de Paris. Le conseil municipal était en permanence. Dans cette incertitude, une personne influente de Rodez, appartenant au parti républicain modéré, se rendit, accompagnée d'un de ses amis, au sein de la Commission départementale pour proposer une fusion entre un certain nombre de membres du conseil municipal et un nombre égal de membres de ladite Commission, pour former un Comité mixte chargé de maintenir l'ordre en attendant les événements. Il prononça même ces paroles significatives : *Nous espérons bien qu'à l'heure qu'il est Bonaparte est à Vincennes.*

Il ne fut donné aucune suite à cette proposition, qui ne pouvait pas être acceptée par les défenseurs de la Constitution.

La Commission resta constamment en permanence; pendant la nuit du 4 au 5 décembre, il y fut question de réunir toutes les forces dont on pouvait disposer et d'attaquer la préfecture. Malgré quelques dissidents, la majorité était de cet avis ; mais elle ne voulait pas engager la lutte contre l'élément civil qui s'y trouvait, parce qu'il se composait d'hommes connus des républicains et ils trouvaient affreux, dans une ville de province, de faire le coup de feu contre des hommes à côté desquels ils avaient vécu, quelle que fût la différence d'opinion ; aussi voulaient-ils tâcher de les isoler de la lutte et de n'avoir à faire qu'à la troupe. On proposa un expédient. La préfecture était contiguë par un pignon à la maison de MM. Rudelle et Lacroix, négociants ; il s'agissait d'arriver furtivement par l'escalier de cette maison à une fenêtre grillée qui se trouve dans le pignon de la préfecture, et, après en avoir enlevé les barreaux des grilles, introduire une centaine d'hommes dans les combles et les répandre immédiatement partout en faisant quelques décharges à poudre. On pensait qu'en jetant par cette fausse attaque la panique parmi les bourgeois, on les obligerait à se replier sur un autre point, et à laisser le champ libre avec la troupe qui était dans la cour ; celle-ci attaquée à l'improviste du côté opposé par le gros des forces républicaines, serait mise ainsi entre deux feux. Tandis que le feu commencerait des deux côtés, les républicains qui se trouvaient sans armes barricaderaient les rues adjacentes pour couvrir les leurs en cas de retraite et les aider à soutenir le feu. L'exécution de ce projet devait avoir lieu aussitôt après l'arrivée du renfort de Villefranche, qui ne pouvait pas se faire attendre longtemps.

Les républicains de Millau envoyèrent un exprès qui annonça qu'en apprenant la nouvelle du Coup d'État, le 4 décembre, Millau s'était soulevé, et que les républicains au nombre d'environ 800, ayant à leur tête les citoyens Jules Bonhomme, Taraire, Valibouse et Rosier s'étaient rendus à l'hôtel de ville, l'avaient occupé et s'y maintenaient en armes, attendant des instructions et des ordres de Rodez. Le billet qui donne cette nouvelle est d'une précision et d'un laconisme remarquables.

AUX MEMBRES DU COMITÉ CENTRAL.

« Citoyens,

« Millau est républicain ; à la première nouvelle du Coup d'Etat, 600 ouvriers ont pris les armes, se sont emparés de l'hôtel de ville et s'y maintiennent, en attendant vos ordres. »

Le même exprès annonça que St-Affrique avait fait également son mouvement. En apprenant la nouvelle du Coup d'Etat le 4 décembre, à midi, des groupes se formèrent dans les cafés et sur les places publiques, discutant cet événement et demandant ce qu'il y avait à faire.

Les républicains songèrent à la résistance, mais décidèrent d'attendre les nouvelles de Rodez. Vers les trois heures du même jour, des citoyens de Millau portèrent à St-Afrique la proclamation de la Commission départementale qui s'était constituée à Rodez.

Un Comité composé de douze membres est aussitôt formé pour s'entendre avec le Comité de Rodez; il décide de faire afficher la proclamation de la Commission centrale. Un tambour est appelé; les douze membres du Comité parcourent la ville, donnent plusieurs fois lecture de la proclamation et la font afficher. Le Sous-Préfet, le Maire, le Procureur de la République et le Juge de paix somment les républicains de cesser la proclamation de cette pièce, parce qu'elle est illégale. Ceux-ci leur répondent qu'il n'y a d'illégal que le pouvoir qu'ils représentent eux-mêmes.

Les autorités requièrent la gendarmerie, mais le lieutenant déclare qu'il n'est pas en force pour sortir avec ses hommes.

Le Conseil municipal de St-Affrique est convoqué; il ne prend pas de délibération et se retire disant qu'il faut attendre les événements.

La proclamation est envoyée à St-Rome-du-Tarn, où elle est affichée le 4, au soir; elle arrive aussi dans la commune des Costes-Goson.

Le même jour, à huit heures du soir, une réunion de 200 républicains a lieu à St-Affrique; on veut s'emparer de l'hôtel de ville et de la sous-préfecture. Le Comité conseille d'attendre.

Le 5 décembre, Saint-Affrique ne reçoit pas de nouvelles de Rodez; la ville est dans l'inquiétude.

Ce même jour, le Comité central se voyant entouré d'un certain nombre d'hommes dévoués, venus en armes de divers côtés, avant d'engager la lutte, écrivit une lettre au général de Gouvenain, commandant le département, pour l'inviter à venir prendre ses ordres.

Cette lettre était ainsi conçue :

« Général,

« La Commission constitutionnelle provisoire de l'Aveyron, qui est aujourd'hui le seul pouvoir légal, vu sa nomination par le peuple, l'autorité étant déchue par suite de forfaiture, vient vous annoncer que les républicains venus en armes de tous les points du département, pour résister au Coup d'Etat, se massent autour de Rodez; un engagement entre eux et la troupe va avoir lieu; pour l'éviter, la Commission vous invite à venir prendre ses ordres, et vous rend responsable de toutes les conséquences que pourra entraîner votre refus. »

(*Suivent les signatures.*)

Il fut fait trois copies de cette lettre, destinées : la première au général, la deuxième au commandant de gendarmerie, la troisième au commandant de la garnison. Deux commissaires furent chargés de porter ces lettres à leur destination; leur première visite fut pour le général qu'ils trouvèrent dans son cabinet, en compagnie de son aide-de-camp; ils lui remirent la lettre du Comité. Après l'avoir lue, le général s'adressant aux deux commissaires leur dit : « Vous m'invitez à prendre vos ordres, Messieurs, parce que vous prétendez être le seul pouvoir constitué dans le pays, vu votre institution par le peuple; d'un autre côté, le préfet me donne aussi des ordres et tous les agents de l'administration lui obéissent; de quel côté est donc l'autorité? » Vous ne pouvez hésiter, général, répondirent les commissaires ; demain peut-être il sera trop tard, et ceux-ci se retirèrent; le général les accompagna jusques sur le palier.

De chez le général, les deux commissaires se dirigèrent vers la préfecture, où se trouvaient le commandant de gendarmerie à la tête de ses gendarmes et le commandant de la garnison à la tête de son bataillon. Ils s'adressèrent d'abord au commandant de gendarmerie, lui remirent la lettre qui le concernait et trouvèrent chez lui la même hésitation que chez le général. Vint ensuite le tour du commandant de la garnison, qui, après avoir reçu la lettre qui lui était destinée, la lut avec dépit, après quoi il la chiffonna dans ses mains, et lorsque les commissaires lui demandèrent sa réponse : la voilà ma réponse, leur dit le commandant en déchirant la lettre. — Eh! bien nous allons la rapporter à ceux qui nous ont envoyés vers vous, lui dirent les commissaires.

Le commandant; passant à un état d'extrême exaspération, fit conduire par les gendarmes les deux commissaires devant le préfet.

TROISIÈME PARTIE.

Arrestations. — Commission mixte.

Le succès donne du courage, il donne aussi de la fierté aux allures. La bourgeoisie qui formait la garde d'honneur de M. Fluchaire, et qui encombrait le vestibule et les appartements de la préfecture, avait, le 5 décembre, à la suite de quelque bon vent arrivé des régions officielles, échangé la figure allongée de la veille contre un air guilleret et narquois, et la main droite posée sur la hanche, le coude gauche appuyé sur le bout du canon du fusil, elle avait pris un air tant soit peu d'Artagnan , qui contrastait singulièrement avec son attitude du jour précédent. Le Préfet trônait en costume sur le premier palier de l'escalier d'honneur, lorsqu'on conduisit devant lui les deux membres du Comité central. Ceux-ci refusèrent de lui parler, et déclarèrent qu'ils ne reconnaissaient pas son autorité. Alors M. Fluchaire prononça leur arrestation, et faisant un signe de tête majestueux aux gendarmes; il fit conduire ces deux citoyens dans les sous-sol de la préfecture.

Après cette première arrestation, il se fit

4

un grand mouvement dans les troupes de la garnison; de nombreuses patrouilles sillonnèrent les rues, les deux prisonniers entendaient les pas cadencés des soldats sur le pavé.

Les citoyens Mazenc et Guibert furent arrêtés les premiers; leur arrestation eût lieu le 5 décembre, à dix heures du matin; vers les onze heures, la gendarmerie leur adjoignit deux compagnons de captivité, Lucien Marcillac et Duriol, qu'elle avait arrêté au faubourg St-Cyrice.

Le Préfet avait reçu des nouvelles de Paris; le Coup d'Etat soutenu par la troupe avait brisé toute résistance, Bonaparte et ses séides étaient restés maîtres de la situation. A cette nouvelle, toute incertitude cessant, M. Fluchaire envoya une compagnie de la garnison pour arrêter les membres du Comité républicain qui se trouvaient réunis chez M. Anglade; ils se laissèrent arrêter sans opposer de résistance et sans chercher à fuir. On les plaça entre deux rangs de soldats et on les dirigea vers la caserne. Lorsque le cortége arriva au haut du faubourg St-Cyrice, deux ouvriers de Roques, mécanicien, se précipitèrent entre les rangs des soldats et enlevèrent leur patron; les soldats n'offrirent pas de résistance.

Les républicains qui venaient d'être arrêtés et conduits dans la caserne furent installés dans les chambres.

Vers les deux heures de l'après-midi, les quatre citoyens renfermés dans les sous-sol de la préfecture furent transférés à la caserne et réunis aux autres détenus; à leur entrée ils furent accueillis par leurs camarades au cri de : *Vive la République !*

Les hommes qui luttent pour leurs droits en s'appuyant sur la loi, ne sont jamais vaincus; ils peuvent succomber sous la force brutale, mais leur caractère se retrempe dans la lutte, et leur moral y grandit; ils envisagent les éventualités les plus sinistres avec indifférence, se relèvent de toute leur hauteur devant leurs adversaires et les regardent avec le sourire du dédain et du mépris. Les vaincus du droit n'eurent jamais d'autre attitude devant leurs vainqueurs.

Le reste de la journée du 5 décembre se passa, parmi les détenus, en conversations sur les événements accomplis; dans ces conversations régna la plus grande liberté d'esprit. Ils envisagèrent le sort qui les attendait avec un calme parfait.

Le soir venu, les républicains se firent servir un modeste souper par le cantinier de la garnison ; pendant le souper, ils furent d'une gaieté très-expansive et terminèrent leur repas par le chant de la *Marseillaise*.

Après l'arrestation des membres du Comité républicain, le Préfet envoya quelques compagnies de la garnison au faubourg St-Cyrice, pour désarmer les hommes de Marcillac, qui s'y trouvaient réunis. Les soldats étaient accompagnés par plusieurs brigades de gendarmerie, et par une partie de la garde bourgeoise qui s'était formée autour du Préfet. À la suite de quelques actes arbitraires de la part des agents du pouvoir, la population faubourienne s'exaspéra au point d'engager une lutte avec la troupe et la gendarmerie; une grêle de pierres vola sur ces derniers, et il y eut plusieurs hommes de blessés. Tout le faubourg, hommes, femmes et enfants, prirent part à la lutte.

Le 6 décembre, dans la matinée,, le juge d'instruction se rendit à la caserne pour procéder à l'interrogatoire des républicains. Ils furent appelés individuellement devant lui, et chaque détenu à la première question qui lui fut adressée par M. le juge d'instruction, avant de répondre à ce magistrat, lui adressa lui-même la question suivante :

— Monsieur, au nom de quel pouvoir m'interrogez-vous ?

— Je n'ai pas à vous répondre, répliqua M. le juge d'instruction.

— Je comprends votre réserve, dit à son tour le détenu, vous ne pouvez pas invoquer une autorité quelconque; il n'en existe plus en France, elle est déchue parcequ'elle a violé les lois, je n'ai, en conséquence, pas à vous répondre.

Le magistrat instructeur adressa à chaque détenu une série de questions, après chacune desquelles celui-ci répétait invariablement : Je n'ai pas à vous répondre.

M. le juge d'instruction se retira après avoir rédigé un procès-verbal négatif.

Dans la journée du samedi 6 décembre, on opéra quelques nouvelles arrestations.

Pendant toute la journée, les détenus eurent la visite de leurs parents et de leurs amis, ce n'étaient qu'allées et venues continuelles, auxquelles l'autorité ne mettait aucun obstacle.

Le 6 au soir, les dames Durand, de Gros, allèrent à la caserne essayer de donner une lueur d'espoir aux prisonniers; il paraît, dirent-elles, que tout n'est pas fini, Paris s'agite, une réunion de 200 représentants de la *Montagne* ont placardé une protestation énergique contre le Coup d'Etat, et elles mirent sous leurs yeux un exemplaire de cette pièce; elle était sans signature. Les républicains remercièrent les dames Durand de leur délicate attention, mais n'attachèrent aucune importance à une pièce anonyme.

Ce n'est que le 6 décembre que les républicains de Rodez eurent des nouvelles de Louis Caussanel et de Ramondenc, qui étaient partis le 4 de Rodez, pour aller attendre à Rignac, les démocrates de Villefranche; ils se rejoignirent le 4 au soir. Moins était à la tête de la colonne de Villefranche.

C'est lui qui va nous raconter les événement qui la concernent; nous lui laissons volontiers la parole :

Galtié n'arriva à Villefranche qu'après 8 h. du soir, le 3 déc. tandis que les autorités avaient eu connaissance du Coup d'Etat quelques heures avant et avaient pu déjà réunir à la mairie la plupart des hommes que nous vîmes plus tard demander à l'homme du 2 décembre, le prix de leur complicité.

C'est alors que je me rendis devant la mairie à la tête d'un grand nombre de républicains, et là, sur le refus du Maire d'armer ses concitoyens pour la défense de la Constitution, je me précipitai sur les baïonnettes de ceux qui défendaient l'entrée de la mairie.

N'ayant pu parvenir à prendre les armes qui se trouvaient dans ce lieu, je me dirigeai avec une centaine d'hommes, dont la moitié seulement étaient armés, vers Maleville, où nous prîmes de vive force les armes de la garde nationale de cette commune. De là, je me rendis, après une halte à Lanuéjouls, à Rignac, où je m'établis militairement pour y attendre les colonnes qui venaient se joindre à nous.

Dans la soirée du 4, Caussanel arriva avec Ramondenc, et le 5, au matin, je prenais mes dernières dispositions pour marcher sur Rodez, lorsque j'appris le danger que courait Caussanel, sur lequel, après quelques pourparlers avec Colomb, on avait fermé les grilles de la mairie, où se trouvaient les gendarmes et un grand nombre d'hommes armés. Je fis aussitôt charger les armes et je me portai sur la mairie, où j'arrivai avant que Caussanel reçut le coup de baïonnette qui le frappa dans l'aine. En voyant tomber Caussanel, les fusils s'abaissèrent aussitôt de part et d'autre et la fusillade allait s'engager, lorsque pour sauver notre ami je m'avançai vers le Maire et je lui proposai de faire ouvrir les grilles de la mairie afin d'éviter une plus grande effusion de sang.

Ma proposition fut acceptée, et Caussanel pût, avant notre départ pour Rodez, être transporté dans une des chambres de Colomb, qui lui prodigùa, comme médecin, les premiers soins.

L'ouverture des grilles ayant permis à ceux qui voulaient se joindre à nous de sortir de la mairie, je me mis en marche sur Rodez précédé par une avant-garde de bons tireurs qui nous vinrent d'Aubin et de Decazeville.

Après une halte au Pas, nous allions prendre le chemin qui conduit à la Mouline, pour y joindre Rosié, lorsque je reçus un courrier qui venait au NOM DES ONZE m'annoncer l'arrestation de la Commission et m'inviter à ne pas aller plus loin vers Rodez. Je communiquai ces tristes nouvelles à nos amis, et je revins à Rignac, où j'appris l'arrivée d'une autre colonne qui venait de Villefranche. Après avoir occupé de nouveau la maison Bros, je réunis toutes les armes pour les faire transporter à Villefranche, et, à partir de ce moment, chacun de nous fut laissé libre de ses mouvements, soit pour continuer la lutte dans les départements voisins, s'il y avait lieu, soit pour se soustraire aux poursuites. Pour moi, je ne quittai Rignac que lorsque Caussanel eût été transporté secrètement chez le curé et la précaution n'était pas inutile, puisque 200 hommes de troupe guidés par la police arrivèrent dans la nuit, mais ne purent découvrir la retraite de Caussanel.

Moins et Ramondenc se réfugièrent en Espagne ; quant à Frayssines, il se cacha quelque temps dans la campagne ; après quoi, il fut arrêté et écroué dans les prisons de Villefranche.

Caussanel, caché chez M. le curé de Rignac, fit soigner sa blessure pendant quelques jours ; mais ayant appris que l'autorité faisait faire les perquisitions les plus minutieuses pour mettre la main sur les républicains, et pensant que sa retraite n'était pas sûre, il quitta Rignac pendant la nuit, partit à cheval, sa blessure encore béante, accompagné de M. Brunet son ami; ils suivirent des chemins de traverse, se dirigèrent sur Carmaux, en passant le Viaur au Port-de-la-Besse. A Carmaux, un républicain de ses amis lui donna asile, il s'y reposa un couple de jours et se rendit ensuite à Toulouse, où on lui procura un passeport sous un faux nom pour l'Espagne.

Caussanel gagna la frontière à travers des départements soumis à l'état de siége. Pour se rendre compte des difficultés qu'il éprouva, des perplexités auxquelles il fût souvent en proie, du degré de prudence et d'énergie qu'il fût obligé de déployer, il aurait fallu entendre de sa bouche les détails de ce pénible voyage. Il se trouva côte à côte, dans les voitures publiques, avec des hommes de la police à la recherche des républicains; il eut le cœur brisé en passant dans le Gers d'entendre un feu de peloton exécuter un républicain pris les armes à la main. Après avoir passé la frontière, il fit une longue maladie; sa blessure s'était rouverte à la suite des fortes émotions qu'il avait éprouvées.

Le 6 décembre tout était fini à Paris; le parti républicain y avait été écrasé. Les personnes les plus inoffensives, les femmes et les enfants avaient été fusillés dans la rue; les droits les plus sacrés de l'humanité avaient été foulés aux pieds, et toutes les atrocités dont est capable une soldatesque avinée, avaient été commises. Le nouveau Cartouche célébrait avec ses bandits son triomphe par l'orgie sur le cadavre des victimes.

Cependant, la province soutenait encore la lutte; tout le Midi était en feu; et plusieurs départements se trouvaient au pouvoir des défenseurs de la loi. Les hommes qui avaient trempé leurs mains dans le crime de Bonaparte et qui n'étaient pas sûrs de l'impunité tant que durait la surexcitation de la province, témoignaient encore de la bienveillance pour les vaincus du droit; mais dès que le bruit de la lutte commença à s'éteindre en province comme à Paris, ils firent sentir aux victimes tout le poids de leur sanglant pouvoir.

Le 8 décembre, à cinq heures du matin, l'adjudant-major du bataillon en garnison à Rodez frappa à la porte des détenus pour les avertir qu'ils devaient se préparer à prendre le chemin de la prison de la ville, où ils allaient être transférés. Cette nouvelle inattendue, causa un peu de surprise parmi les détenus, mais ils prirent bientôt le dessus, s'habillèrent et se mirent à la disposition du piquet chargé de les conduire.

Il ne faisait pas encore jour; les rues étaient sombres et silencieuses, les bâtiments seuls de la préfecture étaient éclairés; l'arrière-garde des partisans du Coup d'Etat s'y trouvait encore réunie. En passant devant la grille, les prisonniers poussèrent spontanément le cri de : *Vive la République !* Ce fut une dernière protestation qu'ils adressèrent à ceux qui soutenaient la violation des lois.

Ils furent ensuite dirigés par la rue du Collége et le faubourg Ste-Marthe vers la prison dans les bâtiments qui formaient autrefois l'ancien couvent des capucins.

On fit occuper, par les républicains, un local que venaient de quitter des hommes qui avaient destination pour le bagne ; la place était encore chaude. Ceux-ci avaient, comme Bonaparte, foulé aux pieds les lois de leur pays, et, par un contraste étrange, ils étaient remplacés en prison par ceux qui avaient sacrifié leur liberté et même leur vie, pour défendre ces mêmes lois.

Le local, lorsqu'ils y furent introduits, était éclairé par un seule chandelle, il avait un aspect dégoûtant ; l'air en était infect ; les républicains ne purent le supporter, ils ressortirent dans le préau et s'y promenèrent longtemps, malgré le froid piquant d'une matinée de décembre.

Ils saluèrent cette sombre demeure, en entonnant le *Chant des Transportés*, de Pierre Dupont.

> Les goëlands à l'aile grise,
> Les hirondelles de la mer,
> A leurs petits aux jours de brise,
> Enseignent le chemin de l'air.
> Nos enfants ont perdu leur guide ;
> Peut-être n'ont-ils plus d'abri,
> Et la mère à leur bouche avide,
> Ne présente qu'un sein tari.

Et cependant, ô sainte République,
Quoiqu'aujourd'hui de ton pain noir nourri,
Chacun de nous pour ta gloire eut péri,
Et mourrait encore sans réplique.
Nous le jurons par l'Atlantique,
Par nos fers et par Saint-Merry.

Les républicains ne rentrèrent dans la prison que lorsqu'elle fut parfaitement aérée; ils firent disparaître toutes les traces qui rappelaient les anciens habitants, se firent apporter du papier peint et en tapissèrent les murs. L'administration par un reste de pudeur et aussi grâce aux sympathies générales qui suivaient ces hommes en prison, leur accorda la faculté de faire porter leur literie, d'avoir de la lumière jusqu'à dix heures du soir, et de faire venir leur nourriture du dehors.

Douze républicains, dont onze avaient été membres du Comité de résistance, occupaient ce local. Voici leurs noms :

Labarthe.
Bouloumié.
Oustry.
Galtayries.
Victor.
Duriol.
Marcillac.
Pons.
Guibert.
Durand, de Gros.
Mazenc.
Noël Baurez.

Les trois citoyens Larraussie, Bousquet et Pradié, de Marcillac, avaient été écroués dans le même local, les deux derniers furent envoyés à l'hospice pour cause d'infirmités.

On fit bientôt de nouvelles arrestations ; les nouveaux venus furent enfermés dans un local voisin du préau des premiers détenus ; ils pouvaient communiquer ensemble à l'insu des gardiens, par une fenêtre grillée placée à une grande hauteur au-dessus du sol du préau ; ils se faisaient passer des lettres et des journaux au moyen d'une ficelle.

On fit de nombreuses arrestations dans les arrondissements de Millau, de St-Affrique et de Villefranche. Les personnes arrêtées dans ces diverses localités furent écrouées dans les prisons de leurs arrondissements.

L'arrondissement d'Espalion ne fit aucun mouvement à l'époque du Coup d'Etat et tout s'y passa dans le plus grand calme, c'est-à-dire que personne n'opposa de résistance au crime.

Cependant, le 16 décembre, des magistrats instructeurs d'Espalion, accompagnés de plusieurs brigades de gendarmerie, se transportèrent à Entraygues, pour faire une visite domiciliaire chez les citoyens Viguier (Edouard), négociant, Calsat fils, médecin, l'abbé Noël, Bastide et Reynier, tous les cinq connus comme républicains sincères. On fouilla dans leurs appartements; on bouleversa tout comme en pays conquis; mais ne trouvant rien qui pût compromettre ces hommes, on dressa un procès-verbal négatif.

Ces républicains étaient recherchés, d'après les termes du libellé de l'accusation, pour avoir entretenu des intelligences avec les démagogues de l'Aveyron ou des départements voisins, dans le but de renverser le gouvernement. Cette prétention était une ignoble pasquinade; les agents de Bonaparte accusaient ces honnêtes citoyens d'avoir voulu renverser le gouvernement, et c'était eux-mèmes qui venaient de le renverser, et de faire table rase de tout sentiment d'honneur. Avec cette prétention, ils ressemblaient au filou qui venant de mettre la main dans le sac, crie au voleur.

Outre cette visite domiciliaire, il y eût des poursuites dirigées contre quatre autres citoyens de l'arrondissement d'Espalion, trois appartenant au canton du Mur-de-Barrez et un au canton de St-Geniez. Il ne s'était rien passé dans ces localités, mais ces quatre citoyens furent recherchés à cause de leur titre de républicains. Nous savons même que malgré la tranquillité qui ne cessa de régner dans ces contrées, une liste de proscription renfermant vingt-cinq personnes des plus notables fut dressée dans ce dernier canton. Ce ne fût que sur les prières du Maire que nulle suite ne fût donnée à ce commencement de proscription.

Le général de Gouvenain avait été mis dans le cadre de réserve et attendait son successeur au moment où le Coup d'Etat vint le surprendre à Rodez. Ce pauvre vieillard ne s'attendait pas à faire encore une campagne à l'intérieur, campagne qui ne lui compta pas pour la retraite, et à se trouver obligé de soutenir un acte infâme à la dernière heure.

Le général de Sparre, successeur de M. de Gouvenain, arriva à Rodez le 8 décembre. Le même jour, le département de l'Aveyron fut mis en état de siége.

Après l'arrestation des républicains, M. Fluchaire et ses comparses retrouvèrent le calme qu'ils avaient perdu pendant les trois premiers jours qui suivirent le Coup d'Etat. Mais ce calme qui n'était qu'une espèce d'état de prostration, ne fut pas de longue durée, et à la peur des premiers jours fit place le sentiment de la haine et de la vengeance contre les vaincus du droit. On était à la recherche du châtiment qu'on devait leur infliger ; mais il n'y avait pas de loi pour édicter une peine, il n'y avait pas de tribunal pour juger les républicains. Si, par exception, il s'en était trouvé un qui eut eu l'impudeur de siéger, les juges auraient pâli devant les accusés et ils auraient été dégradés par les débats devant le public. Bonaparte n'aurait pas hésité à faire fusiller les vaincus, c'est assez son genre, mais on dût lui représenter que la fusillade ferait trop de bruit, dans un pays paisible comme l'Aveyron, qui n'était sorti de son calme habituel, que pour résister au crime d'un bandit.

En l'absence de juges, on organisa la proscription comme au temps de Sylla et de

Tibère. On fit appel à la délation, et bon nombre de personnes ne rougirent pas, pour gagner les faveurs du pouvoir infâme qui pesait sur la France, d'inventer tout ce qu'elles purent imaginer pour noircir les républicains, on s'attaqua même à leur vie privée. Il existe quelque part de volumineux dossiers qui renferment ces infamies. Les proscrits le savent; ils ne les ont pas vus et désirent ne jamais les voir. Si le hasard les leur faisait passer sous les yeux, ils se détourneraient pour ne pas perdre toute espèce d'illusion sur cette pauvre humanité.

Après le guet-à-pens, Bonaparte, pour mettre le comble à la mesure, voulut faire sacrer le parjure par un plébiscite. Sept millions et demi de suffrages l'approuvèrent. L'état de siége qui pesait sur la moitié de la France, les menaces des soudards et le zèle ignoble de beaucoup de maires qui, à la fin de la journée du vote, de concert avec leurs compères du bureau émargèrent les listes entières et remplirent les urnes de bulletins, contribuèrent à l'obtention de ce résultat fabuleux. Il y eut beaucoup de communes où le nombre des votants dépassa celui des inscrits.

Après ce résultat, les Conseils municipaux envoyèrent à Bonaparte leurs adresses, monument de servilisme et de platitude, comme l'histoire n'en enregistrera jamais. Le *Journal de l'Aveyron* du 17 janvier 1852, publie l'Adresse du Conseil municipal de Rodez.

Cette pièce trouvant sa place naturelle dans cet écrit est consignée ci-après :

Prince,

Le Conseil municipal de Rodez vient unir ses félicitations à celles qui vous sont adressées de toutes parts, pour l'immense service que vous venez de rendre au pays.

Un parti, ramassis hideux de toutes les passions anarchiques, se préparait à donner à la société un dernier et terrible assaut; la Providence vous a inspiré la généreuse résolution de prévenir son attaque et vous a donné la force de le vaincre.

Le peuple par une acclamation sans pareille dans les annales du monde, immortel monument de ses sympathies et de sa reconnaissance, vous a donné le droit, nous osons dire plus, vous a imposé le devoir d'achever et de consolider l'œuvre que vous avez si glorieusement commencée.

La France, Prince, ne veut pas être sauvée à demi et pour quelques jours seulement ; poursuivez donc sans relâche et comprimez pour toujours les implacables ennemis de son repos et de sa prospérité, et faites que notre malheureuse patrie puisse, enfin, se reposer de ses soixante années d'agitations continuelles, à la faveur d'une liberté sage et bien réglée, et d'une autorité partout forte et partout respectée.

Nous comptons sur vous, vous pouvez compter sur notre loyal et énergique concours.

Rodez, à l'hôtel de ville, en séance, le 16 janvier 1852.

(Suivent les signatures.)

Cette pièce se passe de commentaires ; elle parle assez d'elle-même, le public l'appréciera.

On n'avait pas de tribunaux pour juger

les vaincus, il fallait cependant trouver quelque chose; la Restauration après la chute du premier Empire avait institué les Cours prévôtales; l'étonnant génie du deuxième Bonaparte inventa les Commissions mixtes. Les cours prévôtales étaient établies pour juger des crimes politiques ayant eu pour but le renversement du gouvernement des Bourbons; les Commissions mixtes étaient établies pour frapper des vaincus qui avaient lutté contre Bonaparte, pour l'empêcher de commettre un crime.

Les premières rendaient expéditivement la justice, mais leurs séances étaient publiques; elles entendaient les prévenus, écoutaient leurs défenseurs et rendaient publiquement leurs jugements.

Les deuxièmes se réunissaient à huis-clos, ne voyaient personne, n'entendaient personne, et frappaient en secret sur de simples rapports des hommes de la police ou d'autres personnages dont il ne serait pas convenable d'exprimer la qualification, et que les personnes même qui les emploient méprisent.

Ces commissions de proscription qu'on était convenu de nommer Commissions mixtes, se composaient de trois membres, le préfet du département, un membre du parquet et le général commandant la division ou le département. A Rodez, elle fut composée de M. Fluchaire, préfet; de M. de Vérot, procureur de la République, et de M. de Sparre, général commandant le département.

Un mot sur ces trois personnages :

M. FLUCHAIRE.

Si l'on ne doit pas remuer la cendre des morts lorsqu'il s'agit de ces existences modestes qui ont passé sur cette terre sans connaître cette ambition dévorante qui porte les hommes à se mêler aux affaires publiques, il n'en est pas de même de ces personnages qui ont pris en main les affaires de l'Etat et ont eu charge d'âmes ; ils appartiennent à la postérité qui est en droit de les juger même après leur mort, car ils ont encouru une responsabilité dont ils lui doivent compte.

M. Fluchaire n'est plus de ce monde, on ne lui en demandera pas moins compte de sa participation au crime de décembre ; de la mort sur la terre d'exil des malheureux qu'il condamna à la transportation ; des larmes qu'il fit couler des yeux des mères et des femmes des proscrits et de la ruine de beaucoup de familles.

M. Fluchaire n'avait jamais connu les difficultés de la vie qui retrempent les caractères et font les hommes. Il n'avait pas connu ces élans du cœur et ce dévouement qui font compatir au malheur de ses semblables et engendrent le sacrifice.

Esprit éminemment sceptique, il ne voyait devant lui que le succès, encore ne le voyait-il que par le plus petit côté, celui du *moi*. M. Fluchaire avait été l'enfant gâté des faveurs officielles, qui l'accueillirent au berceau. Son oncle maternel, Paul Didier, en organisant, en 1816, à Grenoble, une insurrection en faveur de la famille d'Orléans, contre les Bourbons de la branche aînée, et en payant de sa tête l'insuccès de cette folle entreprise, attira sur la famille Fluchaire la haute protection de la monarchie de Juillet. Elle éleva M. Fluchaire père, avocat incapable et presque ramolli, au poste de procureur général, et M. André Fluchaire encore tout jeune au poste de procureur du roi.

La révolution du 24 février 1848 trouva ce dernier à ce poste, et le releva de ses fonctions.

M. Fluchaire n'était pas homme à se tenir pour battu, il était insinuant, il avait de la flexibilité, il devait se faire jour quelque part ; aussi, dès que Bonaparte fût élevé à la présidence de la République, il le nomma à la préfecture de l'Aveyron. Le neveu de Paul Didier était à ce poste depuis trois ans, lorsque le coup d'état vint l'y trouver. Il fut d'un zèle outré ; Bonaparte aurait dû lui en savoir gré, cependant, il ne lui en tint pas compte et il le révoqua en mai 1852.

L'influence d'une dame haut placée avait fait arriver M. Fluchaire à la préfecture de l'Aveyron ; la même influence l'en fit sortir.

Il paraît qu'une affaire d'intérêt privé, un projet de mariage, serait entré pour beaucoup dans cette nomination et dans cette révocation, mais les détails sur cette particularité ne doivent pas trouver place ici.

En quittant la préfecture de l'Aveyron, M. Fluchaire se rendit à Paris, où il passa quelques années à la recherche d'une position sociale, comme Jérôme Paturot, et il s'y maria.

Après avoir vainement cherché à se rattacher à l'administration, il mit fin à ses jours par le suicide, en se noyant dans l'Isère. Sa mort fut accompagnée d'un trait d'originalité. Il tenait à ce qu'on retrouvât son corps; il s'était, en conséquence, avant de se jeter à l'eau, attaché une corde par un bout autour des reins et avait attaché à l'autre bout de la corde un corps flottant. Il avait laissé des écrits pour indiquer comment on pourrait le retrouver. Il a été dit qu'avant de mourir il avait écrit à quelques amis de Rodez des lettres dans lesquelles il cherchait à atténuer sa participation aux mesures prises contre les victimes du Coup d'Etat. Ce retour sur lui-même *in extremis* annonce un certain courage chez l'homme qui sait reconnaître ses torts. Mais ces détails ne reposent que sur des *on dit*.

M. de VÉROT.

A la session des assises de l'Aveyron du mois d'août 1851, l'*Aveyron républicain* était traduit devant le jury, pour un article politique de M. Durand, de Gros, inséré dans cette feuille. M. Durand et M. Oustry, rédacteur en chef du journal, comparaissaient.

L'affluence étaient grande dans la salle; tout le monde attendait impatient le résultat de cette affaire. M. Besset, procureur de la République venait d'être changé. Le siége du ministère public était occupé par un homme de taille moyenne, dont la figure osseuse ĕt fortement teintée de bistre décelait un tempérament bilieux très-accusé; non pas ce type qui annonce une organisation puissante et qui recouvre une individualité d'élite; mais le type du bilieux acariâtre et grincheux, qui n'a que les défauts du premier; c'était M. de Vérot.

L'auditoire attendait avec impatience son réquisitoire, espérant que l'élégance du langage ferait oublier ce que le physique avait de disgracieux. Il prit la parole et débita un pathos incroyable, dans lequel il parla de tout, excepté de l'affaire dont il était question. Dans un réquisitoire qui dura à peine vingt minutes, il prononça au moins trente fois le mot utopie qu'il prononçait *eutopie;* sa voix qui ressemblait au grincement d'une lime et sa parole drôlatique, produisirent dans la salle une hilarité générale qui ne contribua pas peu à l'acquittement des deux prévenus. M. Durand, de Gros, présenta lui-même sa défense, et lorsqu'il eût terminé, M. le président ayant demandé à M. Oustry s'il désirait prendre la parole, celui-ci déclara qu'il avait été suffisamment défendu par le ministère public. Le journal fut acquitté.

M. de Vérot arrivait de l'Argentière (Ardèche), où il avait fait beaucoup de zèle ; c'est tout ce qu'on savait de lui. Il avait prêté son concours manuel à la gendarmerie pour des arrestations de républicains ; compensant ainsi par un zèle outré ce qui lui manquait en surface, Bonaparte avait jeté les yeux sur lui et le désigna pour le poste de Rodez. Il y passa dix ans et servit bien Bonaparte, c'est tout dire. Il fut, en récompense, élevé au siége de conseiller à la Cour d'appel de Montpellier.

M. de SPARRE.

Lorsque le général de Sparre arriva à Rodez, ses actes antérieurs étaient inconnus; on ne peut en rien dire. Les connaîtrait-on, il est probable qu'on n'aurait pas grand chose à dire. Confondu dans le commun des mortels des généraux de brigade français, dont le nombre s'élève à environ 170, M. de Sparre n'avait guère laissé de traces de ses services que par ses émargements au budget, et n'avait pas une grande notoriété.

La figure de M. de Sparre est restée inconnue des républicains prisonniers; il leur devait cependant une visite, puisqu'il était à Rodez exprès pour eux. Il devait pour le moins leur rendre celle qu'ils avaient faite eux-mêmes à son prédécesseur. Quoique les républicains n'aient pas vu le général pendant le peu de temps qu'il passa à Rodez, ils l'ont connu de réputation. Ils savent qu'intelligent comme un sabre, qui frappe inconscient d'estoc et de taille, à tort et à travers,

M. de Sparre posait constamment pour l'autorité à propos de bottes. Cela n'aurait pas eu de graves inconvénients et n'aurait pas fait remonter l'Aveyron vers sa source ; le public se serait contenté de rire des pantalonnades de ce fier-à-bras , s'il n'avait pas ajouté l'odieux au grotesque. Mais on sait que lorsque de pauvres femmes allaient dans ses bureaux, les yeux pleins de larmes, lui demander la permission de voir leurs maris ou leurs enfants en prison, ce suppôt de Bonaparte rudoyait et injuriait ces personnes si dignes d'intérêt et si respectables par leur malheur.

Deux proclamations de M. de Sparre qui se trouvent dans les journaux de l'époque, peignent l'homme. Voici pour le côté grotesque :

LE GÉNÉRAL COMMANDANT L'ÉTAT DE SIÉGE

Aux habitants de l'Aveyron.

Habitants de l'Aveyron ,

L'état de siége est décrété dans votre département, et je suis appelé à le commander.

Cette mesure ne peut qu'effrayer les coupables en rassurant les honnêtes gens.

Il faut en finir avec les anarchistes qui cherchent à nous conduire sous un régime de terreur, tandis que l'ordre peut, seul, amener le calme et la prospérité dont nous avons tant besoin.

S'ils voulaient recommencer leurs odieuses tentatives, je m'engage à les en dégoûter pour toujours ; rien ne me coûtera pour atteindre ce but , soyez en bien convaincus.

Rodez, 8 décembre 1851.

Le général de brigade ,
G. de SPARRE.

Voici pour le côté odieux :

ARRÊTÉ

*dn Général commandant l'état de siége
dans l'Aveyron.*

Le général commandant l'état de siége, etc.

Considérant que les individus dont les noms suivent (noms) et qui sont en fuite, etc.

ARTICLE PREMIER. — Tous les inculpés ci-dessus désignés, seront recherchés avec soin et conduits au chef-lieu de leur arrondissement.

ART. 2. — Toute personne qui leur donnera asile ou leur prêtera secours, sera arrêtée et poursuivie comme complice de l'insurrection.

ART. 3. --- Les officiers de police judiciaire, *les officiers de police auxiliaire,* les agents de la force publique du département de l'Aveyron sont tenus d'assurer l'exécution du présent arrêté.

Rodez, 27 janvier 1852.

Le Général commandant l'etat de siége,
G. de SPARRE.

L'asile des proscrits est sacré chez les Peaux-Rouges de l'Amérique, il ne l'était pas en France en 1852.

Tels étaient les trois hommes qui avaient le sort des républicains entre leurs mains.

Le triumvirat mixte, ainsi justement nommé parce qu'il renfermait un hideux mélange des passions les plus basses se mit en fonction. Ses réunions se tenaient à huis-clos, et le plus souvent la nuit, pour accomplir une œuvre ténébreuse. Ces trois hommes étaient assistés d'un sous-officier de la garnison, qui leur servait de secrétaire,

Ils remuèrent d'immenses dossiers, ignobles fouillis d'ordures qui auraient sali des mains autres que celles qui y touchaient; et après trois mois de ce noble travail, ils donnèrent le résultat suivant : sur 163 républicains qui passèrent par ses mains, il y en eût de condamnés :

Algérie, plus.............	34
Algérie, moins.............	78
Expulsion du territoire.......	9
Internement...............	15
Surveillance de la police.....	18
Envoyés en police correctionnelle	10
Acquittés................	2
Total...........	163

Sur 109 républicains condamnés à la transportation *plus* ou *moins*, 71 seulement subirent cette peine, les autres ne furent pas pris et s'expatrièrent; quelques-uns, en très-petit nombre, eurent une commutation de peine.

Les républicains furent retenus dans les prisons soit à Rodez, soit à Millau, St-Affrique ou Villefranche, jusques au 29 avril 1852.

Les détenus recevaient la visite de leurs parents deux fois par semaine; il leur fallut des grâces d'Etat pour obtenir cette permission des hommes du pouvoir, qui, acharnés contre leurs victimes, se vengeaient sur elles de la peur qu'ils en avaient éprouvé dans les premiers jours.

Les amis des détenus étaient rigoureusement écartés; ce n'était qu'exceptionnellement qu'ils obtenaient l'autorisation de voir les républicains.

L'introduction des journaux politiques dans la prison était interdite. Cette privation était un bonheur pour les républicains; car, si par hasard quelque feuille politique introduite clandestinement par les visiteurs leur tombait sous les yeux, ils en éprouvaient des nausées; jamais infection semblable n'avait empoisonné le pays. Un mauvais génie avait plané sur la France et en avait effacé tout sentiment généreux. Il ne restait plus qu'apostasie, lâcheté et bassesse. La parole s'était éteinte; partout régnait un silence morne, qui n'était interrompu que par les cris de joie ou les chants dégoûtants des soudards en débauche.

Cette France si belle naguère par ses institutions était devenue, en quelques mois, un cloaque immonde, dont le séjour pesait aux républicains. Ils savaient qu'ils étaient destinés à la transportation ou à l'exil; il leur tardait de mettre la mer entr'eux et cette patrie dégénérée. Ils y laissaient des personnes chères, des parents, des amis, et ils les estimaient plus malheureux qu'eux-mêmes, en les voyant obligés de vivre dans ce milieu infect.

QUATRIÈME PARTIE.

_____

Transportation, Exil.

Le général de Sparre n'avait fait que passer à Rodez, et il y avait laissé de bien tristes traces de son passage ; il y fut remplacé par le général Cambray ou de Cambray, peu importe ; nous savons qu'un militaire haut gradé a souvent un nom pourvu d'une particule ; il arrive même parfois que n'ayant pas reçu de son père cette particule, il la prend en endossant la graine d'épinards, et l'on voit le fils de Tartempion quitter ce nom prosaïque pour prendre le nom de son village, avec l'addition d'une particule.

Dans la nuit du 28 au 29 avril 1852, le général de Cambray avait réuni toutes les troupes de la garnison et les gendarmes de l'arrondissement autour de la prison. Il se fit dans la rue Ste-Marthe un grand bruit de voitures ; l'heure du départ des prisonniers pour une autre destination avait sonné.

La veille, on avait réuni les républicains de Villefranche à ceux de Rodez dans les

prisons des Capucins. On donna des passe-
ports aux hommes qui étaient expulsés du
territoire et à ceux qui étaient internés à
l'intérieur; quant aux républicains qui étaient
condamnés à la transportation, on les fit
monter dans des voitures publiques et on
les dirigea sur Lodève. On en forma deux
convois; on fit prendre au premier qui partit pendant la nuit la route du Pont-de-
Salars, et, au second, qui partit à 7 heures
du matin, la route de Sévérac-le-Chateau.

Au départ du deuxième convoi, on avait
fait un déploiement de forces inutiles, que
les hommes de bon sens tournèrent en ridi-
cule. Le général de Cambray accompagna
lui-même le convoi jusques à deux kilomètres
de Rodez, à la tête d'un fort détachement
de troupes. Le convoi fut ensuite escorté par
plusieurs brigades de gendarmerie à cheval
et par des soldats de ligne placés sur l'impé-
riale des voitures le fusil au poing.

Le convoi qui prit la route par le Pont-
de-Salars, eût également des gendarmes et
des soldats pour escorte.

En dirigeant les républicains sur Lodève,
l'administration avait ajouté le mensonge à
la cruauté, elle avait répandu le bruit que les
prisonniers trouveraient à Lodève M. Quen-
tin Bauchard, conseiller d'Etat, chargé de
réviser leurs dossiers et de renvoyer un
grand nombre de détenus dans leurs foyers.
Les républicains ne se firent pas illusion
sur le sort qui les attendait; ils étaient parfaitement édifiés à l'endroit de la sincérité

des promesses de l'administration de Bonaparte.

Les deux convois se réunirent le 29 avril, à l'entrée de la nuit, à Millau ; on déposa les hommes dans la prison pour les laisser reposer un couple d'heures. Ils s'y firent servir à souper dans le préau, où l'administration avait fait dresser une longue table avec des planches et des tréteaux. Après le repas, on fit remonter les transportés en voiture et on les dirigea sur le lieu de leur destination.

Les habitants de Millau s'étaient portés en masse sur la place du Mandaroux, pour assister au départ des républicains. Ils les accompagnèrent jusques au-delà du pont du Tarn, et les saluèrent plusieurs fois par les cris de : *Vive la République !*

Les républicains de St-Affrique se joignirent à ceux de Rodez et de Villefranche, au Caylar. Le convoi arriva à Lodève, le 30 avril, à six heures du matin : les hommes furent déposés dans les prisons de la ville, et y furent rejoints le même jour, dans la matinée, par les républicains de Millau.

Dans les prisons de Lodève, les transportés eurent un nouvel échantillon des aménités de certains chefs militaires de cette époque. Un capitaine à la tête d'une compagnie de troupes de ligne était préposé à la garde des détenus politiques. En cette qualité, il faisait de fréquentes visites à la prison. C'était un homme d'une quarantaine d'années, à l'air grincheux et cassant, mais chez lequel la bosse intellectuelle paraissait peu développée. Il commença par chercher querelle aux transportés au sujet de quelques malles ou de quelques misérables bissacs, que ces malheureux avaient fait suivre pour y mettre un peu de linge et quelques hardes. Il leur déclara qu'ils emportaient trop d'effets, qu'il les leur abandonnerait à Lodève et ne les ferait pas suivre; que, d'ailleurs, ils ne méritaient pas d'égards, qu'ils étaient des canailles qui avaient voulu s'emparer du bien des autres et vivre sans travailler; il leur dit que l'homme ne pouvait pas vivre oisif, que lui-même avait été obligé de travailler pendant vingt ans pour acquérir sa position. C'était tous les jours les mêmes scènes, tantôt pour une chose, tantôt pour une autre. Ce qui exaspérait le plus ce capitaine grincheux, c'est que les transportés ne lui répondaient pas et se contentaient de sourire.

Les détenus avaient, pour toute nourriture, dans les prisons de Lodève, un peu de soupe et quelques légumes le matin, et, pour varier, c'était la même chose le soir. Ils pouvaient promener une partie de la journée dans le préau, qui était contigu à la prison. Ils alternaient, pour occuper ce préau, avec les voleurs et les assassins qui étaient enfermés dans le même local.

Les détenus politiques couchaient sur un vaste lit de camp, sur lequel on avait mis une légère couche de paille; ils s'y plaçaient rangés l'un contre l'autre, et un drap unique qui n'était autre chose qu'une grande pièce de toile d'emballage, les recouvrait tous ; une grande pièce de serge placée par-dessus la toile, leur servait de couverture. Lorsque les hommes du milieu se tournaient sur ce grand lit à promiscuité ; ils découvraient ceux des extrémités qui faisaient entendre leurs plaintes et éveillaient tous les locataires de ce vaste dortoir.

Sur la parole donnée par l'administration que les dossiers des républicains seraient révisés à Lodève, par M. Quentin-Bauchard, les parents de quelques-uns d'entr'eux s'y étaient rendus pour agir auprès du commissaire du gouvernement et pour le rendre favorable aux leurs, qu'ils voyaient partir le cœur déchiré.

M. Grandet, avocat à Rodez, ancien représentant du peuple, qui connaissait un grand nombre de détenus, les accompagna aussi à Lodève, pour relever le moral de ceux qui faiblissaient et pour intercéder pour eux auprès de M. Quentin-Bauchard, qui avait été son collègue à la Constituante de 1848. Cette démarche de M. Grandet dans cette circonstance n'était pas seulement un acte de dévouement, c'était un acte de courage. Les transportés de l'Aveyron consignent ici leurs remerciements à M. Grandet ; ils conserveront une éternelle reconnaissance à ce cœur noble et généreux. Ils sont heureux de voir encore parmi eux ce noble vieillard de 85 ans, dont la vie si bien remplie d'honneur et de désintéressement, est une protestation permanente contre l'abaissement et la dégradation morale de ces derniers temps.

M. Grandet et les parents des détenus se rendirent chez M. Alazard, sous-préfet de Lodève, pour avoir des renseignements au sujet de l'arrivée de M. Quentin-Bauchard. M. Alazard leur répondit qu'il n'avait jamais été question de l'arrivée de ce commissaire extraordinaire à Lodève. Ce mensonge que la préfecture avait fait circuler pour induire en erreur le public, était un nouvel outrage à l'adresse des victimes et de leurs parents.

Après la réponse de M. Alazard, M. Grandet et les parents des détenus rentrèrent à Rodez le cœur navré, et avec le sentiment du plus profond mépris pour l'autorité.

Le 5 mai, à quatre heures du matin, on battait le rappel dans les rues de Lodève; bientôt plusieurs charrettes entrèrent dans le préau de la prison, suivies de plusieurs brigades de gendarmerie, et l'on intima aux républicains de l'Aveyron l'ordre de départ. Les hommes furent enchaînés deux à deux, on les fit monter sur les charrettes qu'on avait amenées, et on les dirigea sur Montpellier, entre deux haies de gendarmes ou de soldats.

Une foule considérable s'était réunie dans les rues de Lodève, par où les transportés devaient passer. Un morne silence régnait dans cette foule; pas un cri ne fut proféré; pas une parole ne fut prononcée; mais presque tout le monde se découvrit au passage des républicains. Cette marque de sincère sympathie qui venait affirmer que tout sentiment de dignité humaine n'était pas éteint, fit renaître au cœur des transportés un peu de foi dans l'avenir.

Vers le milieu de la journée, on fit arrêter le convoi devant une auberge nommée la *Taillade*, qui se trouve située sur la route de Lodève à Montpellier; on fit mettre pied à terre aux prisonniers, on leur enleva leurs chaînes, et ils furent réunis dans une vaste remise, où ils se firent servir à déjeûner. Pendant qu'ils faisaient cette halte, un escadron de hussards arriva du chef-lieu du département pour relever les soldats venus de Lodève et servir d'escorte aux prisonniers.

Après une heure et demie de repos, les hommes furent réintégrés sur les charrettes avec la chaîne au cou; le convoi se remit en marche et fit son entrée à Montpellier, le même jour, vers les sept heures du soir.

Les républicains de l'Aveyron passèrent à côté de groupes nombreux qui stationnaient sur les boulevards et qui les saluèrent à leur passage.

Une douzaine d'hommes furent déposés dans la prison cellulaire et logés à raison de quatre par cellule; le restant, dont le nombre s'élevait à cinquante-six, fut conduit dans les sous-sols de la citadelle. Ce local, qui était assez vaste, était éclairé par des ouvertures qui ressemblaient à des meurtrières; elles étaient placées à trois mètres en contre-haut du pavé intérieur et au niveau du sol extérieur. Cette prison était

6

très-malsaine par l'humidité et le manque d'air. Il y avait pour couchette un vaste lit de camp, recouvert d'une couche de paille réduite à l'état de poussière et fourmillant de vermine. Les hommes n'avaient pas de couvertures pour la nuit. Un baquet unique devant servir pour cinquante-six hommes et qu'on ne vidait que toutes les vingt-quatre heures, complétait le mobilier de ce local.

Un grand nombre de victimes du Coup d'Etat avaient passé par cette prison; leurs noms avaient été gravés sur l'enduit des murs avec la pointe d'un couteau. Parmi ces noms se trouvaient ceux des malheureux qui avaient été condamnés à mort par les conseils de guerre de l'Hérault.

Quelques braves citoyens de Montpellier qui connaissaient les prisonniers de l'Aveyron, vinrent au guichet de cette immonde prison leur serrer la main, et par quelques paroles affectueuses leur faire oublier pendant quelques moments leur misère. M. Valentini, ancien professeur au collége de Rodez se trouvait parmi les visiteurs; il était venu là pour embrasser plusieurs de ses anciens élèves ou autres amis qui se trouvaient parmi les détenus.

Combien de temps les Aveyronnais devaient-ils passer dans cet affreux cachot? Ils n'en savaient rien ; lorsqu'on les faisait entrer dans une prison, ils ne savaient pas quand ils en sortiraient; ils pouvaient n'y passer que quelques jours, comme ils pouvaient y passer six mois. Un vainqueur im-

placable et scélérat les laissait, de parti pris,
dans l'incertitude, parce que l'incertitude use
et énerve; ils ne voyaient qu'une chose certaine et terrible, le *vœ victis* suspendu sur
leurs têtes.

Cependant, au bout de soixante heures de
séjour, on vint retirer les républicains de
l'Aveyron de ce lieu infect, et on leur annonça qu'on allait les conduire à Cette, pour
les diriger sur l'Algérie. La nouvelle de leur
embarquement rasséréna la figure des proscrits, et l'espoir d'aller bientôt respirer le
grand air, leur fit oublier momentanément
les ennuis et les souffrances de la prison.

On réunit ces hommes sur l'Esplanade;
devant la citadelle de Montpellier, on les
enchaîna deux à deux et on les conduisit
à l'embarcadère du chemin de fer de Cette;
plusieurs brigades de gendarmerie et une
compagnie de soldats du génie leur formaient la haie. On les fit monter en wagon,
les soldats y montèrent aussi pour leur servir d'escorte. Le train arriva à Cette à dix
heures du matin, et les républicains furent
immédiatement embarqués à bord de l'*Eclaireur*, vapeur de l'Etat, en partance pour les
côtes d'Afrique. Bientôt ils furent rejoints à
bord par soixante-neuf républicains du Gard,
par trois femmes et deux hommes de Béda-
rieux, qui avaient la même destination. Le
brick *l'Eclaireur* chauffa à midi et demi, et,
à une heure, il partait comme un trait dans
la direction de Bône.

En s'éloignant de la terre les proscrits dirent
adieu aux côtes de France, et les saluèrent

par un immense cri de : *Vive la République!*

Les liens de confraternité s'établissent vite entre républicains persécutés; dès la première heure, les hommes des trois départements ne firent qu'un. Ils furent placés sur le pont et logés à la belle étoile. Ils trouvèrent à bord, tant de la part des officiers que des matelots, des égards auxquels ils n'étaient pas accoutumés depuis plusieurs mois; il leur semblait que ces hommes vivant sur un élément libre, n'avaient pas été effleurés par les souillures qui, dans ce moment, déshonoraient la France.

On leur laissa la liberté d'aller et venir en tout sens sur le pont, sans leur faire la moindre observation. Les Nîmois s'étaient réunis à l'arrière du bâtiment où ils s'étaient organisés en orphéon qui fit retentir, pendant plusieurs heures, les airs de chants patriotiques, et lorsqu'ils eurent épuisé le répertoire des chants nationaux, ils passèrent à la *gaudriole*. Le Français est ainsi fait : avec les ressources de son esprit et la mobilité de son caractère, il fait trève aux idées noires pour se livrer à la plaisanterie.

Lorsque l'*Eclaireur* fut arrivé en plein golfe du Lion, les chants cessèrent, le mal de mer avait atteint la majeure partie des passagers; ils passèrent la nuit étendus sur le pont en proie à un malaise incroyable, et le lendemain matin, au lever du soleil, lorsqu'on apporta le café pour le déjeûner des passagers, le plus grand nombre n'y toucha pas. Ils restèrent dans cet état jusques vers le milieu de la deuxième journée; après quoi, plusieurs se remirent sur pied.

La nourriture des passagers était la même que pour les matelots, elle était assez bonne.

Voici le menu des repas :

Le matin, un quart de café avec quelques centilitres d'eau-de-vie pour le déjeûner ; à onze heures du matin, des légumes avec du salé pour le dîner; le soir, la soupe et du bœuf ou du salé. Le biscuit remplaçait le pain.

La manière de servir ces repas dignes des Spartiates, ne manquait pas d'une certaine originalité ; les hommes étaient réunis par groupes de quinze; on leur apportait les légumes et le salé dans un seau en bois, muni d'une anse en fer; ce seau était appelé plat. Les hommes se divisaient le morceau de salé; après quoi, ils se formaient en cercle, et, munis chacun d'une cuiller, ils plongeaient l'un après l'autre dans le plat, et pratiquaient ainsi un genre de communisme approuvé par le gouvernement. De moment en moment, quelqu'un se détachait du groupe et quittait la besogne; les plus courageux restaient sur la brèche, encore était-il rare qu'ils menassent la question à fond. L'eau était à discrétion. Elle était renfermée dans un grand tonneau déposé sur le pont; ce tonneau était muni d'un tube en fer de quatre millimètres de diamètre qui plongeait dans le tonneau et laissait ressortir au-dehors un bout par lequel les passagers allaient aspirer la quantité d'eau qui leur était nécessaire. Ce bout alésé par les lèvres des nombreux chalants qui s'en servaient, reluisait comme un tuyau d'argent.

Cette manière de vivre à bord à laquelle les transportés n'étaient pas habitués, engendra parfois, sur le pont, des scènes plaisantes qui désopilèrent la rate de tout l'équipage.

Le 10 mai, une heure avant le coucher du soleil, l'*Eclaireur* mouilla dans la rade de Bône.

Les transportés promenèrent leurs regards sur cette plage éclairée par les derniers rayons du soleil, et destinée peut être à devenir leur dernière demeure.

Ils admirèrent ces côteaux pittoresques qui bordent la mer, sur le flanc desquels on voyait de distance en distance des Arabes qui, accroupis dans leurs burnous et conservant une immobilité parfaite, ressemblaient à des apparitions ou à des statues de saints de nos églises.

On fit coucher les transportés à bord de l'*Eclaireur*, dans la rade de Bône. On avait recouvert le pont avec des toiles pour préserver les hommes de la rosée. La nuit fut très-froide, comme le sont d'ordinaire les nuits d'Afrique même dans la belle saison : on grelotait comme dans nos climats en plein hiver.

On débarqua les républicains le 11 mai ; on les conduisit au camp des Carroubiers, près Bône ; ils furent logés dans des baraques en planches, qui avaient servi pour la troupe.

Les transportés comptaient recouvrer leur liberté en Afrique, fermés d'un côté par la mer, de l'autre côté, par le désert. Ils avaient espéré que le gouvernement suffisamment garanti par ces barrières naturelles et infranchissables, leur laisserait le champ libre; mais ils avaient compté sans les maîtres; ils furent obligés de continuer le régime de la prison dans l'enceinte d'un camp dont il leur était interdit de franchir les limites. On leur donna les vivres militaires; pour le coucher, il n'y avait plus ici la promiscuité du lit de camp, chacun avait sa couchette mollement établie sur de la grosse paille à tiges pleines qui leur faisait des bleus sur la peau; un sac de campement renfermait chaque individu, qui était, en outre, pourvu d'une couverture de laine.

800 prisonniers environ occupaient le camp des Carroubiers; ils appartenaient aux départements de l'Aveyron, du Gard, des Pyrénées-Orientales et de l'Hérault. Toutes les classes de la société étaient représentées parmi les victimes de la transportation; il y avait des avocats, des médecins, des propriétaires et des ouvriers de tout métier. Si parmi ces hommes il y en avait qui possédaient un peu d'aisance, il y en avait aussi qui étaient dans le plus complet dénûment. On s'ingénie dans le malheur; on eût l'idée pour procurer quelques sous de poche aux malheureux qui ne possédaient aucune ressource, de tenter, à leur profit, une petite affaire commerciale. On résolut d'éta-

blir dans le camp un café pour les transportés, et d'en consacrer les bénéfices au soula-
gement des nécessiteux. Vu la modicité du
prix du sucre et du café en Afrique, la
tasse devait ne se vendre que cinq centimes.
La résolution prise et l'autorisation obtenue,
le projet fut mis en exécution. On fit une
mise de fonds de 25 centimes par homme;
on alla couper des branchages dans la campagne et on construisit un gourby pour se
mettre à couvert; un petit matériel fut
acheté, un conseil d'administration nommé;
l'affaire fonctionna et prospéra. Il fut réa-
lisé de 200 à 250 fr. de bénéfice par mois,
et ce bénéfice fut distribué aux nécessiteux,
à raison de 20 centimes par homme et par
jour. On atteignit un double but, on soula-
gea les malheureux et on se procura du
bon café; on cessa, par ce moyen, de s'em-
poisonner avec le café fourni par les canti-
niers qui exploitaient les prisonniers.

Le séjour de la prison lorsqu'il se prolonge et que la limite en est incertaine, l'horizon
borné par les murs d'un préau ou d'une
enceinte fortifiée, la privation du grand air,
cette vie monotone de tous les jours, qui
ne varie jamais, tout cela use les plus fortes
organisations et diminue l'énergie des caractères les plus éprouvés.

Au mois de juin 1852, les transportés de
l'Aveyron avaient déjà fait sept mois de
prison; ce séjour leur pesait, il leur tardait
d'en sortir, à quelle condition que ce fut,
lorsqu'une occasion se présenta.

Vers le milieu du mois de juin 1852, le commandant du camp des transportés fit un appel aux hommes de bonne volonté qui voudraient aller travailler sur la route de Bône à Ghelma, à 2 kilomètres de cette dernière localité, au camp de Guellaat-Bou-Sba.

Il se présenta environ 500 hommes appartenant à divers départements, et l'Aveyron fournit son contingent pour cette expédition. Ces hommes ne savaient pas s'ils pourraient supporter le climat, s'ils ne contracteraient pas des maladies, mais ils ne reculèrent pas devant l'inconnu pour fuir la prison.

L'heure du départ arriva : ils jetèrent sur leurs épaules leur bissac et une couverture, et ils se mirent en marche.

Plusieurs transportés avaient usé leurs effets en prison, à tel point que leur aspect respirait la misère la plus complète, et lorsqu'ils défilèrent dans les rues de Bône pour se rendre au camp, on aurait cru assister au défilé d'une troupe de mendiants.

Cette colonne de malheureux s'achemina d'un pas rapide, sous un soleil brûlant, vers la nouvelle destination ; elle arriva harassée de fatigue, vers le coucher du soleil, à Nesmeïa, station militaire située à 40 kilomètres de Bône. On fit camper ces hommes au milieu d'une plaine humide et on leur distribua quelques vivres. Les hommes se firent ensuite des abris avec leurs couvertures qu'ils disposèrent en forme de tentes pour passer la nuit. Au lever du soleil, on les remit en marche et ils prirent possession du camp de Guellaat-Bou-Sba, à 2 heures de l'après-midi.

Guellaat-Bou-Sba n'était pas le nom d'un village, il n'y en a guère en Afrique qui ne ressemble en rien aux nations européennes sous ce rapport. L'indigène ne bâtit pas en Afrique, il vit en tribu sous la tente et se porte d'un lieu dans un autre, suivant son agrément ou son intérêt. Guellaat-Bou-Sba était le nom d'une contrée ou plutôt d'un tennement de terrain, qui tirait cette dénomination d'un personnage notable du pays ou d'un de ses anciens guerriers. Telle est en Afrique l'origine des noms des diverses contrées.

Guellaat-Bou-Sba comprenait une belle vallée couverte de prairies, un ruisseau bordé de lauriers-roses en dessinait le talweg. La vallée avait une grande largeur : limitée à droite et à gauche par des côteaux à pente douce couronnés de forêts, elle portait sur son versant de droite la route de Bône à Ghelma, qui se développait parallèlement au cours du ruisseau.

Les transportés plantèrent leurs tentes dans ces prairies. L'administration militaire avait fait porter sur des prolonges le matériel nécessaire pour dresser les grandes tentes de campement. On logea huit hommes sous chaque tente. Ils se firent leur lit avec des herbes sèches qu'ils ramassèrent dans la campagne. On distribua aux hommes des pelles, des pioches et des brouettes, et on les occupa aux terrassements de la route de Bône à Ghelma.

Les transportés furent divisés en sections

de 30 hommes, chaque section vivait sépa-
rément; elle se choisissait un chef qui recevait les vivres, faisait aux agents du pouvoir
les réclamations qu'il jugeait nécessaires, faisait l'appel des hommes et les surveillait au
travail. Chaque section se choisissait aussi un
homme pour faire la cuisine.

On distribuait à chaque homme les vivres
militaires; il devait aussi recevoir pour son
travail quelques sous de poche, mais il reçut
très-peu de chose, ces sous prenaient la direction de la poche des chefs militaires pré-
posés à la surveillance des républicains.

Les ennuis de la prison commençaient à
s'effacer de la mémoire des transportés, qui
jouissaient d'une certaine liberté relative au
milieu de cette belle campagne où ils respi-
raient le grand air. Si, parfois, le siroco venait à souffler et leur rendant par ses rafales
brûlantes la chaleur insupportable, les obli-
geait d'aller chercher un peu de fraîcheur le
long du ruisseau, après le travail du jour,
ils jouissaient du spectacle de ces nuits si
limpides et si belles, dont le silence absolu,
troublé parfois par les hurlements de l'hyène
et le cri perçant du chacal, venait ajouter
au pittoresque de la situation.

Les républicains n'avaient pas assez de
chance pour voir cet état de bien-être relatif
se prolonger longtemps sans quelque nuage.
Non contents de retenir à ces malheureux
les quelques sous de poche qui devaient leur
revenir, les chefs militaires leur rognèrent
leurs distributions, et il arriva parfois que

les transportés ne reçurent pas leur distribution de café et furent obligés de travailler à jeûn depuis le lever du soleil jusqu'à dix heures du matin. Le mécontentement se traduisit d'abord par des murmures; mais comme les abus persistaient, un beau jour, au moment où le tambour annonça par un roulement l'heure du travail, tous les hommes spontanément et sans s'être donné le mot, restèrent debout devant leurs tentes sans faire un mouvement.

L'officier qui commandait le camp entra dans une fureur indescriptible, menaça les hommes de la prison et du silos; mais les menaces furent inutiles; les hommes restèrent dans l'immobilité sans proférer une parole. L'officier envoya prévenir ses chefs de cet événement. Un commandant arriva en toute hâte de Ghelma au camp; il fit former le cercle aux transportés, et après leur avoir adressé toutes les épithètes du vocabulaire ordinaire des soldats du Coup d'Etat, il les menaça de faire fusiller le premier qui refuserait d'aller au travail. Les républicains n'ouvrirent pas la bouche et opposèrent le silence du mépris aux fanfaronnades du commandant.

Ce militaire voyant que les menaces ne produisaient aucun effet radoucit la voix, et promit aux prisonniers d'adoucir leur position s'ils obéissaient aux ordres de l'autorité. Toujours même silence.

Cependant, le lendemain, les républicains répondirent à l'appel et se rendirent au travail; on améliora leur sort sous le rapport des vivres, mais les centimes qui leur étaient destinés conservèrent toujours leur première direction.

Le camp des transportés était gardé par un lieutenant, à la tête d'une soixantaine de soldats de ligne. Vers la fin du mois de juin 1852, les tribus arabes des environs de Ghelma se soulevèrent et fondirent à l'improviste sur un camp de militaires disciplinaires, et y firent un grand nombre de victimes.

Cette nouvelle arriva le lendemain à Guellaat-Bou-Sba, et les républicains n'étaient pas rassurés, parce que quoique se trouvant là au nombre de près de 600, y compris les militaires, mais les 9/10 n'ayant d'autres armes que des pelles et des pioches, se voyaient sans moyens de résistance en cas d'attaque. Le lieutenant réunit tous les hommes à la fin de la journée; les avertit qu'ils pouvaient être attaqués dans la nuit, et leur conseilla de ne dormir que d'un œil. Cet officier, brave comme certains autres officiers de l'Empire que nous avons vus à l'œuvre depuis, au lieu de donner du courage aux transportés, leur inspirait les plus grandes craintes par son attitude de trembleur. Les hommes se couchèrent sous cette impression. A minuit, un sous-officier faisant le tour du camp secouait légèrement la toile des tentes des transportés, en leur disant, levez-vous en silence et abattez les tentes.

Sur cet ordre, tous les hommes se levèrent en sursaut se croyant cernés par l'ennemi. Il faisait un magnifique clair de lune;
les républicains, pour se rendre compte immédiatement du danger qui pouvait les me-
nacer, promenèrent leurs regards autour
d'eux sur la campagne, mais ils ne virent
pas apparence humaine, un silence complet
régnait aux environs. Ce n'était qu'une
fausse alerte que ceux qui commandaient le
camp, n'eurent pas le tact d'épargner aux
transportés.

L'officier du camp venait de recevoir l'ordre de ses chefs de transférer, vu l'imminence
du danger, les républicains à Ghelma; on
chargea les tentes et le matériel sur des prolonges et on se mit en marche pour la nouvelle destination.

Le convoi fit son entrée à Ghelma au
point du jour; la ville était en émoi, elle
s'attendait à être cernée d'un moment à
l'autre par les Arabes. Toute la garnison et
la garde nationale étaient sous les armes.
L'arrivée d'un convoi de 600 hommes dans
la ville ranima le courage des habitants, qui
demandèrent aux agents du pouvoir l'arme-
ment des transportés pour les faire concou-
rir à la défense de la ville. Cette demande
ne fut pas accueillie, les hommes de Bonaparte en avaient décidé autrement.

On dirigea les transportés sur une caserne
de cavalerie qui était vacante et on les logea
dans les écuries. Ils furent occupés à creu-
ser des fossés de défense autour de la ville

de Ghelma. Les écuries dans lesquelles on avait logé les républicains fourmillaient de vermine, la place n'y était pas tenable, aussi aimèrent-ils mieux coucher en plein air; ils se réfugièrent dans la cour et s'y firent des tentes-abri avec leurs couvertures pour passer les nuits.

Cependant le général Mac-Mahon qui commandait la province, envoya de Constantine une colonne contre les Arabes soulevés; les habitants de Ghelma n'entendirent pas, sans une certaine joie, le grondement du canon qui leur promettait le retour de la sécurité.

Au bout d'une quinzaine de jours, lorsque l'insurrection fut vaincue sans que la pacification fut complète, l'autorité militaire décida de renvoyer les transportés au camp. Cette fois-ci ils n'eurent pas d'escorte militaire pour les protéger; on se contenta d'en armer une cinquantaine avec de vieux fusils à silex, qui n'auraient pas pu être chargés sans danger, et on les mit en marche.

Lorsqu'ils arrivèrent au camp, les transportés se voyant livrés sans défense à la merci des Arabes soulevés, éclatèrent en murmures, et déclarèrent qu'ils rentreraient à Bône, qu'ils ne voulaient pas obéir aux assassins de Bonaparte, qui les exposaient sans défense aux coups des Arabes insurgés, pour se défaire d'eux.

Vainement quelques hommes qui avaient de l'influence sur la masse, cherchèrent à les détourner de leur projet, leur montrant un autre écueil, le conseil de guerre qui les

attendait pour avoir déserté leur poste.
Toutes les observations furent inutiles, et
ces hommes mirent le sac sur le dos et prirent le chemin de Bône. Force fut à ceux
qui avaient cherché à les dissuader, de les
suivre et de se joindre à eux à leurs périls
et risques.

La colonne arriva à Nesmeïa un peu avant
la nuit. Ils trouvèrent là, sous les armes,
le peu de militaires qui occupaient le village
et les colons armés de haches et de fourches,
en prévision d'une attaque pendant la nuit.
Les transportés se firent donner quelques
armes et fournirent un poste pendant toute
la nuit, pour veiller à la sécurité du village.

Ils partirent le lendemain matin pour
aller coucher à Duzerville, village colonisé,
situé à dix kilomètres de Bône, et firent leur
rentrée dans cette dernière ville le surlen-
demain.

La réflexion était venue pendant le voyage
aux transportés au sujet de leur démarche,
et ils en craignaient les suites. En arrivant
à Bône, ils envoyèrent une députation au
commandant Dumontil, qui avait la direction
de la Casbah et des Carroubiers de Bône,
pour justifier auprès de ce chef leur fuite du
camp, à cause du manque complet de sécurité dans lequel ils s'y trouvaient abandon-
nés. Le commandant Dumontil qui était un
honnête homme et qui n'avait pas les pré-
jugés des soudards du Coup d'Etat, accueillit
avec bienveillance la députation des transportés et leur conseilla d'adresser au gou-

verneur général de l'Algérie, une supplique pour le prier de ne pas sévir contre eux, eu égard à la fausse position dans laquelle ils se trouvaient au camp.

La supplique fut adressée au maréchal Randon, à Alger, et cette affaire n'eût heureusement pas de suites fàcheuses pour les républicains.

Peu de temps après la rentrée à Bône des transportés du camp de Guellaat-Bou-Sba, parut un arrêté du gouverneur général de l'Algérie, qui offrait l'internement dans une ville d'Afrique à tous les transportés qui en feraient la demande.

En demandant l'internement, les républicains perdaient les subsides du gouvernement; mais, en revanche, ils gagnaient un peu de liberté; aussi, fatigués de la prison, tous ceux qui eurent quelques ressources ou des bras vigoureux pour le travail, adressèrent leur demande; il ne demeura au camp des Carroubiers que les hommes dont la santé chancelante ne leur aurait pas permis de se livrer au travail sous le climat meurtrier de l'Afrique, sans courir les plus grands dangers. Plus tard, on envoya ces malheureux travailler sur la route de Ghelma.

Toutes les demandes furent accueillies, et le 2 août 1852 on embarqua à bord d'un vapeur de l'Etat pour Philippeville un grand nombre de prisonniers qui avaient obtenu leur internement pour Constantine.

Le départ eût lieu un peu avant le coucher du soleil; on installa ces hommes sur le pont qui était leur logement ordinaire lorsqu'on les embarquait, et ils s'y établirent de leur mieux pour passer la nuit.

Ces malheureux n'étaient pas nés sous une assez bonne étoile pour faire ce voyage quelque court qu'il fût sans encombre. Ici les éléments vinrent donner la main aux hommes du Coup d'Etat pour tourmenter les républicains.

Il y avait à peine une heure qu'ils avaient quitté la rade de Bône, que le ciel qui avait été pur toute la journée se couvrit de nuages, et un ouragan terrible mêlé de coups de tonnerre se déchaîna contre eux et fit courir les plus grands dangers à leur frêle embarcation. Cet ouragan était accompagné d'une pluie diluvienne, qui, en cinq minutes, eût mouillé ces hommes jusqu'à la peau, et couvert toute la surface du bâtiment d'une nappe d'eau, qui, ne trouvant pas dans les sabords une issue suffisante, formait une grande mare, et s'élevait à une hauteur de 25 à 30 centimètres sur le pont.

Les couvertures et les effets qui étaient disséminés çà et là furent entièrement détrempés, et il ne restait pas aux hommes un fil de sec pour se changer.

Cependant le danger augmentait de minute en minute ; le vapeur balloté comme une plume au milieu de montagnes d'eau dont l'effrayant spectacle était illuminé par les éclairs, se trouvait à chaque instant sur le point d'être englouti dans l'abîme. Les marins qui étaient loin d'être rassurés, luttaient de toutes leurs forces contre la tempête. Ils plièrent toutes les voiles et abandonnèrent le bâtiment à la seule action de la vapeur.

Après qu'on eût pris les mesures les plus urgentes contre le danger, l'officier de quart touché de commisération pour les passagers, les fit descendre dans l'entre-pont pour les mettre à couvert de la pluie et les préserver du danger d'être jetés à la mer.

Ils furent placés dans la partie la plus voisine de la machine, mais la chaleur du foyer et l'odeur des graisses qui s'exhalait du mécanisme en mouvement, incommodèrent un grand nombre de transportés, et leur donnèrent le mal de mer. Ils furent obligés alors, malgré le mauvais temps du dehors, de remonter sur le pont et d'affronter la tempête.

Au bout de quelques heures, le vent faiblit, les nuages se dissipèrent, et la lune éclairant les vagues dont la fureur n'était pas entièrement apaisée, vint tirer les passagers de l'obscurité sinistre dans laquelle ils étaient plongés et qui leur semblait être l'avant-coureur de la mort.

Le 3 août, vers les sept heures du matin, le vapeur qui portait les républicains mouilla dans la rade de Stora, située à 5 kilomètres de Philippeville ; on les débarqua et on les dirigea sur cette dernière ville, où ils se reposèrent jusqu'au soir.

A une nuit affreuse succéda une belle journée, les transportés séchèrent leurs effets et se remirent de leurs fatigues. Habitués depuis longtemps aux fortes émotions, ils eurent bientôt oublié le mal qu'ils avaient souffert et le danger qu'ils avaient couru.

Le soir venu, on fit monter ces hommes sur des voitures publiques ou sur des prolonges, et on les dirigea sur Constantine, où ils arrivèrent le lendemain matin. Leur premier soin, en entrant en ville, fut d'aller embrasser quelques-uns de leurs amis, qui les y avaient précédés de quelques jours.

La ville de Constantine dont la prise coûta si cher aux Français, où le maréchal Clausel perdit sa réputation, et le général Damrémont la vie, est bâtie dans une position presque inexpugnable.

Située sur la plate-forme d'un rocher, à 600 mètres au-dessus du niveau de la mer et entourée, sur les 5/6 de son pourtour, par le Roumel, qui coule dans un ravin coupé à pic à 100 mètres de profondeur, cette ville ressemble à un nid d'aigle. L'accès n'en est possible qu'au midi, par une crête étroite, qui joint la porte de la brèche à la butte de Coudiat-Ati, et, à l'est, par le pont d'El-Kantara, qui met la ville en communication avec le plateau de Sidi-Messid.

Le pont d'El-Kantara bâti vers le XV° siècle par des ingénieurs Génois, était fondé sur les rochers qui bordent le Roumel et sur une grande arche naturelle que la rivière s'était creusée dans le roc. Il était formé de deux étages d'arcatures, avait environ 60 mètres de hauteur, et portait, en 1852, dans l'épaisseur des tympans des arcatures supérieures, le tuyau de conduite des eaux qui, arrivant des hauteurs de Sidi-Mabrouk, alimentaient la ville de Constantine. Ce pont qui était alors dans un état complet de vétusté s'est écroulé depuis et a été remplacé par un pont métallique.

Ce pays conserve encore après 2000 ans de nombreuses traces de la longue occupation romaine. Dans la vallée du Bou-Merzouk, qui forme un des affluents du Roumel, on voit encore debout plusieurs arcades d'un pont-aqueduc qui était destiné à amener des eaux potables à l'ancienne Cirta. Partout où l'on fait des fouilles, les nombreuses inscriptions, les fragments de statues ou de chapiteaux de colonne qu'on trouve, attestent que cette terre recouvre la cendre du grand peuple.

Constantine est la ville arabe par excellence; sur une population de 40,000 habitants, il y avait, en 1852, au moins 30,000 indigènes, arabes ou juifs. Ces derniers, qui parlent la langue arabe, ont les habitudes et à peu près le costume des premiers et n'en diffèrent que par la religion; ils entraient dans ce chiffre pour 6 ou 7,000.

Les 10,000 habitants formant la population française se composaient de la garnison et des personnes qui s'occupaient de commerce ou d'industrie. Les français habitaient un quartier distinct comprenant la rue Damrémont et la place du gouvernement; tout le reste de la ville était occupé par les indigènes.

Les quartiers arabes présentaient un aspect d'une originalité dont on aurait peine à se faire une idée sans les avoir vus. Les transportés se rappellent encore ces rues étroites où grouillait une population aux costumes les plus étranges. Là, des hommes couverts du burnous, les jambes nues et hâlées par le soleil, ici des femmes ornées de boucles d'oreilles en argent dé six centimètres de diamètre et dont la figure et les mains étaient bariolées d'arabesques au henné. Ils se rappellent encore ces maisonnettes à un seul étage couvertes de roseaux, et ces petites boutiques des marchands indigènes, où il n'y avaient place que pour quelques rayons et pour le maître, et ces hôtels maures où l'on faisait rôtir des têtes de moutons et autres basses-viandes, dont les émanations étaient peu faites pour attirer les chalands, et ces caouadji (cafetiers), qui vendaient cinq centimes des tasses de café, où il y avait à boire et à manger.

Il y avait dans les rues des quartiers arabes un mouvement tel qu'elles ressemblaient à une fourmillière, d'où partaient des cris discordants qui couvraient les conversations des promeneurs et les rendaient impossibles. Des hommes et des femmes y vendaient à la criée des galettes, d'autres comestibles et des objets de ménage. Les mendiants y psalmodiaient des versets du Koran ou chantaient des rapsodies.

On y voyait aussi des negro (nègres) chassant devant eux des troupes de borricos (ânes) chargés de matériaux de construction, en les accompagnant de force jurons émaillés de coups de bâtons à l'adresse du dos des patients.

Les proscrits allaient aux heures de loisir oublier un instant dans ce tohu-bohu désopilant leurs chagrins et la patrie absente et déshonorée.

Après s'être installés à Constantine, les républicains cherchèrent dans le travail leurs moyens d'existence, et les habitants de cette ville dont la majorité s'était prononcée contre le Coup d'Etat au plébiscite du 20 décembre 1851, reçurent à bras ouvert ces malheureux et leur ouvrirent leurs ateliers. On vit alors ceux qu'on avait appelés les ennemis de la famille travailler avec une activité infatigable pour faire quelques économies sur leur salaire et les envoyer à leurs femmes et à leurs enfants qui étaient dans le besoin.

Quoique éloignés de la mère-patrie, les républicains furent toujours au courant de la suite des frasques et des crimes de Bonaparte. Ils virent proclamer l'Empire à Constantine; ils furent témoins des illuminations et du festival interlope qui eurent lieu à cette occasion.

Il y eut des bals publics dont les caba (filles publiques) qu'on avait lachées de tous les établissements faisaient le plus bel ornement, en compagnie de groupes de chenapans officiels et officieux.

Pendant leur séjour à Constantine, les

transportés virent passer devant leurs yeux
quelques silhouettes impériales qui tantôt
leur inspirèrent du dégoût et tantôt un fou
rire. Le général Lespinasse y alla faire le
rodomont, menaçant de faire fusiller tout
le monde. Le prince de la Moskowa, colonel
in partibus du 3e chasseurs d'Afrique, y faisait
quelques apparitions pour poser, d'un air
protecteur, sur les places publiques, entouré
de tout son état-major. Le jeune Joachim
Murat, le fils du phoque Lucien, paradait dans
les cafés avec des habits militaires de fan-
taisie sur lesquels il s'était fait broder des
galons de maréchal-des-logis, et qu'il avait
agrémentés de la médaille militaire. Des
officiers de tout grade venaient faire leur
courbette devant ce général en herbe et se
montraient si souples des reins qu'ils ressemblaient à de bons hommes en caoutchouc.

Par un contraste frappant, on voyait
passer, à côté de ces figurines, la grande
figure de l'héroïque défenseur de Constantine,
du caïd Ben-Aïssa, qui vivait en simple par-
ticulier dans la ville, de celui qui fit échouer
deux fois le siége entrepris par l'armée française et qui fit aux généraux qui le som-
maient de se rendre cette réponse mémora-
ble : *Si vous n'avez pas de la poudre pour
continuer l'attaque, j'en ai à votre service.*

Les transportés de l'Aveyron passèrent un
an en Afrique, soit à Bône, soit à Ghelma
ou à Constantine. Pendant cet intervalle
quelques-uns d'entr'eux, en très-petit nombre, furent renvoyés chez eux, mais le plus
grand nombre resta en exil.

En 1853, Bonaparte, arrivé à l'Empire, songea à perpétuer la race de Bohême qu'il représentait, et se maria. Il voulut singer les rois, et fit grâce à ceux auxquels il aurait dû lui-même demander grâce.

Alors tous ces hommes rentrèrent en France, où ils furent placés sous la surveillance de la police, qui leur fit pendant bien longtemps des misères. Un seul resta en Afrique et y fut retenu quelques années, c'était le vétéran de la démocratie Aveyronnaise, M. Durand, de Gros, que son dévouement à la cause républicaine et ses hautes facultés avaient particulièrement recommandé à la vengeance des sbires du 2 décembre.

CINQUIÈME PARTIE.

NOMENCLATURE

DES VICTIMES DU COUP D'ÉTAT, D'APRÈS LES DOCUMENTS OFFICIELS.

Condamnations : Algérie plus.

Acquié, François, forgeron à Rodez.
Boisse, Marc-Isidore, médecin à Aubin.
Bouloumié, Louis, avocat, à Rodez.
Buisson, Auguste, propriétaire à Sauveterre.
Cabantous, Alexandre, ingénieur des mines à Aubin.
Caussanel, Louis, négociant à Villefranche.
Couffignal, Baptiste, cultivateur à Sauveterre.
Dalous, François, menuisier au Monastère.
Delmont, François, tailleur à Durenque.
Druilhe, Antoine, cordonnier à Sauveterre.
Durand, de Gros, Joseph-Antoine, propriétaire à Gros.
Duriol, cuisinier à Rodez.

Frayssines, Edouard, ingénieur des mines à Villefranche.

Galtier, Sylvain, maître d'hôtel à Cransac.

Gausserand, marchand à Villefranche.

Garrigues, Hyacinthe, médecin à Marcillac.

Guibert, Joseph, serrurier à Rodez.

Issaly, Antoine, propriétaire à Castanet (mort en Afrique).

Lacan, ex-percepteur à Aubin.

Lacaze, Amans, perruquier à Marcillac

Marcillac, Lucien, limonadier à Millau.

Mazenc, François, ex-agent-voyer d'arrondissement à Rodez.

Moins, Casimir, imprimeur à Villefranche.

Montels, Antoine, entrepreneur à St-Afrique

Oustry, Louis, rédacteur de l'*Aveyron républicain,* à Rodez.

Pégues, Bernard, menuisier à Marcillac.

Ramondenc, Pierre, fermier à Camarés.

Roques, Louis, mécanicien à Rodez.

Rozié, Raymond, expert à Sauveterre.

Rous, Antoine, chapelier à Rodez (mort en Afrique).

Vayssade, Philippe, jardinier à Rodez.

Condamnations : Algérie moins.

Audouard, Pierre-André, maire à Réquista.

Azemar, Victor, maire à Ste-Juliette.

Barre, Raymond, vigneron à Marcillac (mort en Afrique).

Barascud, Clément, gantier à Millau.

Benazet, fabricant de chandelles à Millau.

Beaumevieille, Vital, tanneur au Monastère.

Bonhomme, Jules, banquier à Millau.

Bonafous, Pierre, tailleur à St-Affrique.

Bories, Pierre, huissier des contributions à Sauveterre.

Boutonnet, Antoine, propriétaire à Sauveterre.

Bousquet, Joseph, maçon à Ste-Radegonde.

Bousquet, Jean-Antoine, médecin à Marcillac.

Bousquet, Eugène, cordonnier au Monastère.

Capely, Raymond, instituteur à Marcillac.

Calvet, Cyprien, gantier à Millau.

Claude, Victor, ex-officier de dragons, à Millau.

Couderc, François, boucher à Millau.

Caillol, Etienne, coutelier à St-Affrique.

Canac, Philippe, menuisier à St-Affrique.

Cœurveillé, Gabriel, horloger à St-Affrique.

Caussanel, Martin, cordonnier à Villefranche.

Couffignal, Julien, cloutier à Villefranche.

Couzy, Maurice, limonadier à Villefranche.

Crespy, Jean, chapelier à Rodez.

Dalquier, Louis, maçon au Monastère.

Daudé, Baptiste, tisserand au Monastère.

Delfau, Hilaire, tailleur au Monastère.

Fabre, Pierre, cultivateur à Castanet.

Falc, Benjamin, typographe à Rodez.

Fages, François, marchand de grains à St-Affrique.

Flottes, Victor, ex-agent-voyer à St-Affrique.

Féral, Pierre, fabricant de merrain à Villefranche.

Garibal, limonadier à Rodez.

Garrigues, Jacques, commis banquier à Rodez.

Glauzy, Pierre, cultivateur au Monastère.

Fuzier, Louis, dit Ficelle, gantier à Millau.

Gras, Louis, limonadier à Villefranche.

Guy, Pierre-Aimé, gantier à Millau.

Imbert, François, cultivateur à Castanet.

Issaly, Médard, propriétaire à Castanet.

Issaly, Pierre, vigneron à Marcillac (mort en Afrique).

Labarthe, Casimir, avocat à Rodez.

Laurens, Joseph, cultivateur à Rébentin, commune de Sauveterre.

Ladet, Adrien, jardinier à Millau.

Lauret, dit Soupetard, tanneur à Millau.

Mazenc, Jean, maçon à Castanet.

Mazenc, Pierre, dit Rendier, cultivateur à Castanet.

Magne, Franc., maire à Sauveterre (mort en Afrique).

Marty, Auguste, propriétaire au Monastère.

Maury, Joseph, marchand de planches à Millau.

Marrouk, Jules-Hilarion, pâtissier à St-Affrique.

Marre, Antoine-Marie, libraire à Villefranche.

Metge, Augustin, coutelier à Villefranche.

Miquel, Adolphe, typographe à Villefranche.

Miquel, Adolphe, aubergiste à Villefranche.

Mouly, François, serrurier à Villefranche.

Nazon, Théophile, dit Cabot, gantier à Millau.

Orcibal, François, marchand à Villefranche.

Paran, Baptiste, propriétaire à Sauveterre.

Prunières, Régis, ex-huissier à Rodez.

Peyre, Barthélemy, tanneur à Millau.

Puech, Auguste, avocat à St-Affrique.

Puech, Etienne, dit Carcaneau, tanneur à Millau.

Ricard, Louis, chaudronnier à Rodez.

Roques, Barthélemi, fournier à Rodez.

Salesse, Guillaume, cultivateur à Castanet.

Schénebelein, limonadier à Ste-Affrique.

Singlard, Auguste, forgeron à Villefranche.

Sincholle, Baptiste, propriétaire à Castanet.

Tarayre, Antoine, agent d'affaires à Millau.

Tiquet, Léon, cordonnier à Millau.

Tastayre, Pierre-Eugène, clerc d'avoué à Villefranche.

Tibon, François, cloutier à Villefranche.

Vayssières, Jules, gantier à Millau.

Vidal, Casimir, marchand de nouveautés à Millau.

Victor, Antoine, libraire à Rodez.

Vareilles, coutelier à Marcillac.

Condamnations à l'expulsion du territoire.

Bonal, François, professeur à St-Geniez.

Frayssinet, agent d'assurances à Belmont.

Foissac, Lucien, chapelier à St-Affrique.

Fabre, président du tribunal civil à Rodez.

Galtayries, Emile, banquier à Rodez.

Gineste, Etienne, colporteur à Millau.

Lakouski, Ignace, chef d'atelier à Villefranche.

Markini, Auguste, tanneur à Millau.

Rosier, Vincent, ancien sous-commissaire de la République, à Millau.

Condamnations à l'internement.

Alric, Louis, père, peseur public à Millau.
Baurez, Noël, rentier à Rodez.
Caldes-Aygues, Jean-Louis, gantier à Millau.
Caussanel, Charles, limonadier à Sauveterre.
Corchand, Antoine, coutelier à Millau (mort en prison)
Fermand, François, boulanger à St-Affrique.
Fourcand, Paul, propriétaire à St-Affrique.
Faurez, Louis, cordonnier à Villefranche.
Grand, Louis, propriétaire à St-Affrique.
Gaubert, François, limonadier à Villefranche.
Larraussie, Edouard, pharmacien à Marcillac.
Pons, Henri, avocat à Rodez.
Pradier, Pierre, ex-notaire à Marcillac.
Toulouse, André, géomètre à St-Affrique.
Valibouse, Hippolyte, ex-greffier du tribunal civil à Millau.

Condamnations à la surveillance de la police.

Bernard, Etienne, écrivain public à Millau.
Bonafous, Jean, propriétaire aux Costes-Gozon.

Bouysset, pharmacien à St-Affrique.

Calmont, propriétaire à Castanet.

Daures, Pierre, propriétaire à St-Rome du Tarn.

Elie, François, menuisier à Villefranche.

Garrigues, Baptiste, maçon à Ste-Radegonde.

Geniez, propriétaire à Sauveterre.

Gineston, expert à Lacroix.

Lacombe, voiturier à Naucelles.

Mazenc, Pierre, cultivateur à Castanet.

Pascal, François, cultivateur à Sauveterre.

Picard, Raymond, horloger au Mur-de-Barrez.

Sudres, Louis, ferblantier à Rodez.

Rivemale, Hippolyte, à St-Affrique.

Thiers, Jean, tonnelier à St-Affrique.

Vayssac, Pierre, tanneur à Millau.

Vilaret, Séraphin, facteur à Millau.

Envoyés en police correctionnelle.

Albouy, Antoine, à Rodez.

Albouy, Jeanne, femme Malrieu, à Rodez.

Cabrolier, coutelier à Rodez.

Condamines, Louis, dit Biscuit, à Rodez.

Delzescaus, agent de remplacement militaire à Rodez.

Marie Vergnes, femme Garibal, à Rodez (*).

(*) Marie Vergnes fut obligée de prendre à la prison sa fille Mélanie Garibal, âgée de moins d'un an et encore à la mamelle.

8

Mere, propr. à Bromme, commune du Mur-de-Barrez.
Raynal, Jeanne, revendeuse à Rodez.
Rous, maçon à Rodez.
Sarret, coutelier à Rodez.

Renvoyés.

Andrieu, Gabriel, vigneron à Marcillac.
Blanc, Régis, teinturier au Monastère.
Cambourieu, Ferdinand, cordonnier à Millau.
Valez, Numa, à Millau.

CONCLUSION.

Le culte des fétiches est un signe de la décadence des nations.

Lorsqu'un peuple en possession de sa souveraineté ne se sent pas assez de virilité pour se gouverner lui-même et qu'il a besoin de s'appuyer sur une individualité dans laquelle il s'incarne, il est bien près de sa ruine.

La France révolutionnaire vit sortir de son sein au commencement de ce siècle un jeune général, brillant par ses victoires, qui, pouvant jouer le rôle de Washington, préféra celui de César. Cette nation éminemment chauvine séduite par l'éclat de quelques verroteries, après avoir pendant dix ans accompli des actes dignes des Titans, se laissa museler par un individu. En passant le Rubicon, le nouveau César anéantit toutes les conquêtes de la grande révolution; et pour éviter le sort de celui qu'il avait pris pour modèle, il assassina tous ceux qui avaient encore dans les veines un reste du sang de Brutus. La France soûlée par ce qu'on est convenu d'appeler gloire, approuva tout, et se mit à plat ventre devant le premier Bonaparte son idole, et lorsque la force des choses l'eût renversé, la France conserva le culte du souvenir. Cette nation pouvait trouver un prétexte d'excuse à son erreur dans la grandeur de l'idole, car le génie du mal a sa grandeur, comme l'ange déchu de Milton.

Mais à 35 ans de là, lorsque parut un bohémien fils d'un père inconnu, appartenant à la domesticité du palais de l'ancien roi de Hollande, (car la reine Hortense, sa mère, dont la conduite avait été plus que légère, cultivait les accointances interlopes), l'excuse n'existait plus, quoique ce bohémien répondit au nom de Bonaparte. Cependant, à ce nom, le fétichisme du peuple se réveilla, et la France suivant la ligne d'une fatale aberration, s'inclina devant cet être immonde, et mit ses destinées entre les mains de Cartouche. Les épaves du bagne se groupèrent autour de lui pour former sa cour. Il renouvela les proscriptions de Sylla et de Tibère; il inonda la France de sang et la France applaudit, et pendant que le sang fumait encore dans la rue, l'encens fumait sur l'autel en l'honneur de l'assassin, et le chant du *Te Deum* et la voix de l'orgue couvraient les gémissements des victimes. Qu'était devenue la lumière qui éclaire et dirige les sociétés? Qu'étaient devenues les institutions honorées et respectées qui, avant l'apparition de ce bandit, protégeaient les citoyens? Tout avait été renversé, le parjure s'appelait religion, l'assassinat s'appelait justice. Des ministres des autels encensaient le parjure, et des défenseurs de la loi approuvaient l'assassin.

Le premier Bonaparte avait la passion de la conquête, passion funeste à la vérité, qui ruine les nations et vicie l'esprit public, mais qui a du moins une certaine grandeur. Le second n'avait que les instincts et les appétits de la bête.

Le premier fut accepté par la nation à cause de l'auréole qui environnait son nom ; le second passa sous le couvert du premier, en se mettant un faux nez. Il s'empara de la France à la faveur d'un nuage épais qui avait obscurci la raison publique; et, arrivé au pouvoir, craignant le réveil de la raison, il atrophia la nation pour l'exploiter à son aise. Il mit tout en jeu pour crétiniser la jeune génération, et il y réussit pour une grande partie. Il fit de la France un vaste arsenal de police, dont il était le digne chef. Le pays fut sillonné en tout sens par une nuée d'argousins de tous les degrés, officiels et officieux, qui vivaient largement aux dépens des travailleurs et qui n'avaient d'autre mission que de semer partout le mensonge et la calomnie, et de démoraliser le peuple. Ils manœuvrèrent si bien qu'ils persuadèrent aux populations des campagnes que le réveil des affaires et la facilité d'écoulement des produits, résultat incontestable de la force des choses, étaient

l'œuvre de Bonaparte. Il n'était pas rare
d'entendre dire dans les foires et dans les
marchés par ces gens candides : l'Empereur
est l'homme qu'il nous faut, il nous fait bien
vendre nos bœufs, nos veaux et nos den-
rées. Ils s'étaient tellement embéguinés de
leur fétiche qu'il n'aurait pas fallu un grand
effort pour leur persuader que s'ils avaient
de bonnes récoltes, ils les devaient à Bonaparte, qui était le dispensateur de la pluie
et du beau temps.

Cet engouement de mauvais aloi chauffé
par les chenapans qui parcouraient les campagnes se traduisit quelquefois en rixes san-
glantes et en crimes.

Nous ne pouvons nous rappeler, sans
frémir, cet assassinat sauvage commis il y
a deux ans dans un village de la Dordogne,
sur un jeune homme appartenant à une famille des plus honorables du Périgord, assassinat qui fut commis en plein jour, en plein
champ de foire, devant une foule nombreuse
qui resta indifférente, et commis avec des
circonstances qui auraient fait horreur aux
cannibales (1). Les débats de l'affaire devant

(1) Dans une brillante plaidoirie, Me Mie du barreau de
Périgueux, établit, d'une manière irrécusable, que les coupables avaient agi d'une manière inconsciente, et que, entraînés par les séides de Bonaparte, ils élevaient cet acte
atroce à la hauteur d'un service public, dont ils attendaient
une récompense.

Puisqu'il nous a été donné d'écrire le nom de Me Mie,
nous ne voulons pas le quitter sans donner à l'éloquent défenseur de toutes les grandes causes républicaines, un témoi-

la cour d'assises établirent que les assassins avaient agi au nom de Bonaparte, qu'ils élevaient leur forfait à la hauteur d'un service public, et en attendaient une récompense.

Il y a dans le paisible pays de l'Aveyron des villages où il n'aurait pas été prudent de critiquer, sous l'Empire, les actes de Bonaparte dans un lieu public, un jour de de foire ou un jour de fête votive, on aurait été sûr de se faire un mauvais parti.

Lors du triste plébiscite du 8 mai 1870, qui prépara les désastres de la France, quelques républicains de Rodez s'entendirent avec les républicains des autres arrondissements, pour s'opposer autant qu'il dépendrait d'eux à l'entraînement des électeurs, véritables moutons de Panurge, qui couraient se précipiter dans un gouffre. 40,000 bulletins négatifs furent distribués dans les seuls arrondissements de Rodez et d'Espalion.

Les républicains parcoururent les campagnes pour représenter à leurs habitants qu'ils couraient à leur perte, en donnant un blanc-seing à Bonaparte. Les conseils des

gnage public de notre profonde sympathie et de notre fraternelle affection. La France entière connaît le puissant orateur dont le talent et le dévouement sont toujours acquis à la démocratie poursuivie par la réaction en délire. Nous avons pu l'entendre à Rodez et nous n'oublierons jamais sa dialectique puissante qui faisait victorieusement pénétrer la conviction dans toutes les âmes et sa parole entraînante qui, sortie du cœur, frappait droit au cœur.

républicains n'eurent aucun effet sur ces
hommes; les moutons de Panurge continuè-
rent leur course vertigineuse vers le préci-
pice et rien ne pût les arrêter. L'aberration
fut poussée même au point que dans certaines communes, si lors du dépouillement
du scrutin il sortait de l'urne quelques bulletins négatifs, la masse des électeurs se
livrait à des investigations inquisitoriales
pour découvrir les auteurs de ces votes et les
mettait au pilori. Voilà où en était la France
le 8 mai 1870, elle était chloroformisée.
Quatre mois après, elle s'éveillait dans l'abîme; le voile qui couvrait son idole était déchiré et ne laissait voir qu'un être ignoble,
stupide et lâche. Le territoire était occupé
par les hordes du Nord, formidables par
leur nombre et leur puissante organisation.
La France trouva ses caisses et ses arsenaux
vides, elle n'avait à opposer à l'envahisseur
qu'une armée insignifiante, commandée par
des généraux dont les principaux étaient
avachis comme leur maître. La nation elle-
même atrophiée par vingt ans de césarisme
n'avait plus de nerf, sa fibre patriotique
était détendue, la nation française n'était
plus qu'un cadavre.

Voilà où conduit les peuples les plus
puissants, le culte des fétiches.

Les complices de Bonaparte désirent son
retour, c'est tout naturel; ils ont pillé ensemble les caisses publiques, ils ne seraient pas
fâchés de voir recommencer ce règne de
cocagne.

Il y a même, dit-on, des gens de bonne foi qui n'ont pas trempé dans les saletés de l'Empire, qui désirent le retour de l'homme de Sedan. On peut dire de ceux-ci sans même être médecin qu'ils sont bien malades, et qu'ils peuvent être rangés dans la catégorie des incurables.

FIN.

VINGT ANS APRÈS.

ÉPILOGUE.

Tandis qu'à la tribune nationale et dans un discours qui, comme le boulet de la honte, restera toujours rivé au pied de Bonaparte, M. d'Audiffret-Pasquier flétrissait les vols de la dernière heure et les concussions des derniers fonctionnaires de l'Empire, le citoyen Mazenc achevait de nous raconter les crimes du premier jour et les persécutions acharnées dont les complices du Mandrin de Décembre poursuivirent les républicains de l'Aveyron.

Il ne nous appartient pas de parler de cette œuvre, et nous voulons nous en tenir à ce rapprochement que nous avons fait parce qu'il nous remet en mémoire deux dates également funestes pour la France : 1851 et 1870. L'une devait fatalement nous mener l'autre, et le sang qui coula dans les rues de nos villes sous les balles de soldats ivres, n'était que le présage de la boue où, dix-huit ans plus tard, devaient disparaître avec leur maître tous ces Cartouches galonnés.

C'est fini et bien fini, sans doute, cette fois. Il n'y a plus, il ne saurait plus y avoir de bonapartisme chez nous, et la France dans un nouveau hoquet public se débarrasserait certainement des effrontés qui ne rougiraient pas de déclarer qu'ils appartiennent encore à cette bande.

L'affaire du Coup d'État de Décembre, car, qu'on le sache bien, ce ne fut qu'une affaire de bandit volant le trône et la couronne pour mettre la main sur la caisse et dévaliser la nation, l'affaire du Coup d'Etat et ses suites sont aujourd'hui jugées, condamnées, flétries par le mépris public et repoussées avec indignation par toutes les honnêtes consciences.

Les vers indignés dont *les Châtiments* du grand poète regorgent sont désormais entrés dans l'histoire, et les récits du Coup d'Etat qui en bien des lieux s'annoncent aujourd'hui, et tous les faits que nous voyons s'accomplir, nous prouvent que la France, en sortant de la prostration où si longtemps elle est restée, sent avant tout se réveiller en elle le sentiment de la justice.

Les grands coupables qui, après avoir aidé le singe du premier Bonaparte à violer la loi et à voler la France, n'ont su que la vendre à l'étranger, ces hommes dont les décorations nombreuses n'ont jamais pu cacher toute la laideur morale et dont les galons entassés sont impuissants à recouvrir le cynisme, ces généraux de carrefour, lâches devant l'ennemi, cruels en présence de leurs frères désarmés et vaincus, vont enfin comparaître devant la justice du peuple et rendre compte à la nation du sang qu'ils lui ont tiré, de l'or volé qu'ils ont reçu pour prix de leur forfaiture.

Oui, le sentiment de la justice qui, malheureusement, a trop longtemps dormi chez nous sous ce qu'on appelle le régime impérial se réveille et grandit chaque jour davantage. Tandis, en effet, que le gouvernement dans une heure de bonne, mais quelque peu tardive inspiration, consent enfin à ne plus couvrir de son inexplicable protection l'homme qui, après avoir vendu Metz, ose déposer dans un factum éhonté de publiques injures à l'armée par lui honteusement livrée, les foules se demandent pourquoi on épargnerait plus longtemps l'inspirateur de tous les attentats dont vingt années durant la France a été la malheureuse victime.

Pourquoi ne jugerait-on pas le bandit qui fut assassin en Décembre et traître à Sédan. Lui-même s'était déclaré responsable, et lorsque l'égalité devant la loi est la base même de notre code, le peuple d'une voix unanime proclame que le plus scélérat entre tous les scélérats ne peut rester plus longtemps au-dessus de la justice du pays.

Mais en attendant que cet homme paraisse en personne devant de solennelles assises, il est bon que d'honnêtes citoyens apprennent à tous comment il débuta et jusqu'à quelle insondable profondeur il s'est rué dans le crime. La nation doit connaître pour les clouer à un éternel pilori les noms de ceux qui ne rougirent pas d'être ses complices. Elle doit savoir aussi, pour les donner en exemple aux générations qui viennent, quels furent ceux qui, bravant la mort et les horreurs de la transportation, s'opposèrent à un inique et criminel attentat. Aussi sagement a fait l'Assemblée en décidant que le discours aussi implacable que patriotique de M. d'Audiffret serait affiché dans toutes les communes. Sagement feront tous ceux qui, après le citoyen Mazenc, raconteront les crimes que le bâtard d'Hortense commanda dans chaque département à ses valets et à ses sicaires.

Forte de ces leçons du passé, la France ne se laissera plus replonger dans la guerre civile au profit d'un prétendant quelconque. Tout entière, elle se lèverait contre un Coup d'Etat qui aurait certainement pour conséquence une nouvelle invasion et un déchirement encore plus douloureux peut être.

Ces prétendants qui dans leur sotte et ambitieuse folie s'intitulent *hommes providentiels*, et qui n'ont jamais su qu'énerver la volonté, détruire la force et préparer la mort d'un peuple, seraient impuissants en face de cette nation vivante, debout et fortement décidée à ne plus se laisser égorger par personne. Le peuple possesseur de lui-même, maître de ses destinées, ne se livrerait plus à aucun de ces comédiens sinistres, lâches oiseaux de proie qui, encore aujourd'hui, attendent et guettent la mort de la France pour déchiqueter son cadavre.

Mais en attendant que ces progrès tant désirables se fassent et s'accomplissent, nous pouvons dire sûrement aujourd'hui que l'Empire est mort, mort pour jamais en France. Et, ce qu'il y a pour lui de plus infâmant encore, c'est qu'il ne succombe pas sous un autre parti victorieux, mais bien sous l'écrasant mépris de la conscience universelle. Il est tué par la morale publique, par cette morale qui, au lendemain de toutes nos révolutions, dicta toujours à notre peuple héroïque cette sentence écrite au front de nos monuments :

MORT AUX VOLEURS !

ED. GIGNAN.

ERRATUM.

—

Au dernier alinéa de la page XII, au lieu de : *Nous cédons volontiers la place*; lisez : *Nous laissons la parole au citoyen François Mazenc.*

www.ingramcontent.com/pod-product-compliance
Lightning Source LLC
Chambersburg PA
CBHW051735090426
42738CB00010B/2271